U0639333

大夏书系·《人民教育》精品文丛

新时代
学校使命

丛书总主编
余慧娟

本册主编
董筱婷

华东师范大学出版社
ECNUP
全国百佳图书出版单位

人民教育

《人民教育》精品文丛编委会

编委会主任：翟 博

编委会成员：翟 博 雷振海 陈志伟 夏 越 周 飞 连保军

总 主 编：余慧娟

副总主编：赖配根

执行编委：余慧娟 赖配根 李 帆 施久铭 朱 哲

分册主编：程 路 董筱婷 冀晓萍 李 帆 钱丽欣 任国平
　　　　　施久铭 邢 星 朱 哲

目 录

Contents

第一辑

大事件与大视野

第二辑

质量时代的教育

第五辑

做一个精神灿烂的人

总　序

办伟大的学校，做伟大的校长和教师

翟　博

《人民教育》编辑部应华东师范大学出版社之邀，出版这套丛书，可喜可贺。

创刊于 1950 年的《人民教育》杂志，积聚了深厚的历史财富、广博的教育资源、深远的影响力和良好的公信力，被读者亲切地誉为"中国基础教育第一刊"。近几年来，《人民教育》杂志围绕中心，服务大局，坚持"方向性引领、专业化服务"宗旨，着力引领读者深入探讨中国基础教育改革发展的一系列重大课题，并在理论和实践层面作出回应，获得读者高度认可。其中，既有对教育现代化、立德树人、教育公平、教育质量观等重大理论问题的思考，也有校长领导力提升、学校办学的新经验，还有教师发展的新思路，更有最前沿的学习方式的引介，上接天线，下接地气。从《人民教育》近几年发表的文章中，精选、分类结集成册，既充分发挥了文献的长远价值，便于读者系统阅读，也能够更好地扩大传播面。在当前转瞬即逝的刷屏式海量、碎片阅读背景下，高水平的专业文章更能够帮助读者聚焦关注点，提高阅读的获得感，提升专业水平。

具体而言，《人民教育》精品文丛具有如下特点。

第一，丛书立足于新时代中国基础教育的历史使命，对重大教育课题和重点难点问题给出了丰富且可资借鉴的回答，是引领、推动中国基础教育发展的珍贵文献。

党的十八大以来，以习近平同志为核心的党中央高瞻远瞩，提出了一系列重要的教育思想和教育论断，为新时代基础教育发展指明了方向。党的十八大报告首次提出，把立德树人作为教育的根本任务。习近平总书记多次强调，要全面贯彻落实党的教育方针，培养德、智、体、美、劳全面发展的社会主义建设者和接班人；要处理好德与才的关系，解决好德与才相统一的问题；要让学生做到明大德、守公德、严私德；要把立德树人的成效作为检验学校一切工作的根本标准。深刻领会立德树人的丰富内涵，认真探索立德树人的实践路径，深入研究立德树人的理论，是新时代给基础教育提出的重大课题。

在这一背景下，基础教育需要切实承担起一系列重大使命。要把社会主义核心价值观教育融入教育全过程，放在更加突出的位置加以落实，引领学生树立正确的历史观、民族观、国家观、文化观。要植根于中华优秀传统文化的土壤，培育文化自信和中国精神，把中华优秀传统文化融入课堂教学和学校教育全过程，在创造性转化、创新性发展中传承中国人的文化基因。要大力发展素质教育，树立德、智、体、美、劳全面发展的质量观。要重新思考、践行好学校、好校长、好老师的标准。坚持育人为本，转变教育思想观念，认真落实习近平总书记提出的"四有"好老师的要求，进一步提升校长和教师的专业素质。从单纯以学科考试分数为主要评价指标转到全面发展的理念上来；从关注少数尖子生的发展转到关注每一个孩子的发展上来；从过于强调统一步调转到更多关注个性发展上来。

《人民教育》精品文丛，正是站在基础教育改革发展的最前沿，围绕以上重大课题、重要使命，组织国内顶尖专家、优秀校长教师，提供前沿思想理念和脚踏实地的解决方案。《新时代学校使命》一书，由社评和《人民教育》核心议题的前言构成，高度凝练了对当前教育问题的思考，包括教育自信、教育质量观、核心价值观教育、美育、教育活力，等等。《身体教育学》一书，力图借助"身体教育学"这个最新概念，以整体的观念来推动全面发展。《核心素养的中国实践》一书，期待带动整个基础教育质量观的变化，以适应未来对人才和教育的要求。《名校的那些"秘密"》一书，以活生生的案例来展示学校社会主义核心价值观教育、培养文化自信、落实立德树人根本任务的管理、课程、空间设计等诸多实践路径。《还可以怎样学习》一书，聚焦近年来学生发展素养目标的变化，以全球视野介绍更广阔、更多样、更有效的学习方式。《"好校长"是怎样炼成的》一书，专注于校长的价值领导力、课程领导力、教师领导力和沟通领导力等核心要素的实践解读。《老师，你为什么不再进步了》一书，关注教师的成长与高原期突破。《朝向心灵伟大的教师》一书，汇集教育界、文化界及商界名人的成长故事和教育故事，力图为校长教师打开新的窗口，从社会的角度来看教育。

第二，丛书集中展现了中国教育实践经验与智慧，引导读者建立和提升教育自信。

中国教育质量迅速提升的一个重要秘密，就是中小学的每一堂课，都在努力体现国家战略、国家意志，国家顶层设计与一线微观实践高度融通呼应。

对美好生活的渴望，对美好教育的热烈追求，是中国教育成功的重要动力。纵观中国基础教育改革开放40年来的历程，对美好教育的追求，成为教育发展、教育工作者改革创造的重要驱动力。这套丛书中提炼的好学校、好校长、好教师的改革经验，无不是在回应广大人民群众对美好教育的殷切期盼。

与时代潮流合拍，创造高品质的教育，是教育改革的重要经验。近年来，中小学涌现了一大批好校长、好教师，就在于他们敏锐地抓住了时代发展的脉搏，大力提升自己的政治素养，养成法治思维，涵养博大的精神世界，从宏观上保障了教育教学改革的正确方向。同时，近年来中国基础教育改革的一个关键突破点，是从主要关注教学方式层面的改进转向学校整体层面的变革，体现了与新时代精神的密切呼应。

从这套丛书中还可以看到如国家认同教育、核心价值观教育、优秀传统文化教育、学校文化、课程构建与优化、选课走班制度等方面的具体操作经验。这些都是我们的中小学扎根中国大地实实在在干出来的智慧结晶，是中国基础教育之所以卓越的重要因素，也是我们教育自信的来源，值得学校校长、教师认真研读、借鉴。

第三，丛书呼吁教育工作者乘着新时代的东风，办伟大的学校，做伟大的校长和教师。

伟大的学校，不是仅仅为升学服务的学校，而是要为学生未来创造美好生活的学校。美好生活，不仅意味着谋生就业能力，也意味着正确的价值观，丰富的精神世界，厚重的家国情怀，强烈的社会责任感，健康的自我调节能力，和谐的人际交往能力。伟大的学校，也不仅仅是学生成长的乐园，还应该是教师的人生幸福所在。教师的幸福与学生的发展密切相关。只有当教师从心底里认同教师职业，才能真正参与到学生的成长之中，也才能获得自身职业价值的实现，收获作为教师的幸福。伟大的学校，善于激发教师的职业热情，帮助教师获得成就感。这也是《名校的那些"秘密"》等书揭示的秘密所在。

伟大的校长，其领导力不仅体现在过硬的政治素质、坚持正确的办学方向上，还体现为优良的道德品质，更要有教育的定力，"习惯于择高处立，寻平处坐，向宽处行，务实，求稳，但内心却向往教育的理想，一切为了民族的未来"。伟大的校长，是善于成就教师的校长。李烈感言："当我哪一天不再做校长时，如果老师们在背后这样说：'李烈当校长的时候，我们是真的在快乐地工作着'，那就是对我最高的褒奖了。"伟大的校长还应是优秀的学习者，善于在繁忙的事务间隙，终身学习，反思完善。在工作中，伟大与平庸的区别往往在于能否不断注入生命的激情，能否不断发现心灵伟大的教师和存在无限发展潜能的孩子。

伟大的教师，首先是一个精神灿烂的人。教师是深度参与学生精神生活的引领者。无论是做"四有"好老师，还是做好"引路人"，教师自身的精神修养是前提，这包括坚定的理想信念、崇高的道德修养、对丰富个性的包容、对人的发展性的充分认识、传递正能量的意识和能力、沟通的艺术、自我情绪管理，等等。善于发现美是他们共同的特质。他们还是一群积极回应环境的人，能够敏锐地发现新问题，通过学习、思考、行动来调整自己，跟着时代一同进步。这些伟大教师的特质，读者可以从《老师，你为什么不再进步了》《朝向心灵伟大的教师》等书中充分感受。

中国社会正处在全面深化改革、实现中华民族伟大复兴中国梦的进程中，社会转型、技术变革等都给基础教育提出了严峻挑战，教育工作者如何看待新情况、解决新问题，考验着我们队伍的素质，更考验我们的学习能力。2013年，习近平总书记在中央党校建校80周年庆祝大会暨2013年春季学期开学典礼上的讲话中指出，"要依靠学习走向未来""只有加强学习，才能增强工作的科学性、预见性、主动性，才能使领导和决策体现时代性、把握规律性、富于创造性"。愿读者在这套丛书中，能够充分感知新时代对我们提出的使命和要求，了解我国基础教育改革发展的基本脉络，把握学校办学的正确方向和科学规律，发展和培育伟大学校、伟大校长、伟大教师成长的"基因"，立志办伟大的学校，做伟大的校长和教师，为伟大的时代贡献自己的价值。

2018年7月

（作者系中国教育报刊社党委书记、社长）

序

时代意识与学校使命

余慧娟

这本书非常独特。文章全部选自《人民教育》杂志2014—2017年间发表过的社评和编者按，短小精悍，却字字珠玑。选题代表了《人民教育》编辑部对时代和教育的判断，内容则体现了国内各方面专家的思想精华。时代意识和学校使命是这本书最突出的特点。

毋庸置疑，我们生活在一个新时代，中国从富起来到强起来的新时代已经来临。社会主要矛盾已经转化为人民日益增长的美好生活需要和不平衡不充分的发展之间的矛盾。教育进入由大而强的时期。教育满足的需求日益丰富和多元，质量和效益成为关注的焦点。我们还应该看到，这也是一个大时代。这个"大"，至少有两层含义：一是一个由资本和技术渗透而形成的经济全球化、信息全球化时代正在到来。传统生活方式正在被革新甚至被颠覆。教育将面临前所未有的挑战。二是由生态安全、基因技术、核武器、人工智能等带来的前景特别是风险，促使每一个国家都要建立关乎人类命运的共同体意识，可谓人类命运共同体时代到来。

在这样的背景下，我们不得不认真思考以下问题：

什么样的教育是现代化的教育？中国的基础教育在穿越了硬件发展、规模扩张的时期之后，又该追求什么？"人的现代化"几乎是共识。"让每位孩子都最大限度地成为他自己……让每位孩子都竭尽所能地发挥自己的聪明才智。……这样的教育即使没有漂亮的校舍也理应是现代化的教育。"北京十一学校校长李希贵这样描述他们的期待。不能不思考的是，现代化的学校，价值何在？我们认为，无论世界怎样变化，学校不可替代的只有人与人的精神交往与心灵对话。"未来的学校，冷硬的纯知识课程或许不那么重要，艺术课、哲学课、心理课、思维创意课却可能变成主课。"

如何理解公平和质量的时代内涵？随着社会的不断进步和改革的深入，公平和质量的内涵也在发生变化。教育中的公平，既要考虑社会意义上的公平，也要考虑教育意义上的公平；既有宏观上的，也有微观上的；既有规则的公平，也有机会的公平；既有起点的公平，也有过程和结果的公平。不同类型的改革，无论是高考改革，还是民办学校和公办学校的发展，其考虑公平的层次和角度不一定相同。但无论如何，公平与正义都是国家公共政策的灵魂，也是学校应该遵循的价值原则。当提高教育质量成为基础教育发展的关键，应该追问的是，我们需要什么样的教育质量？"需要努力实现更加全面、更有效益、更加公平、更富活力、更有贡献力、更有竞争力的质量。"结合当前实际，基础教育更需要把握好定位，打好身体的底子，打好道德、精神的底子，"与知识教育同样重要的，是体力的训练和精神的锤炼，尤其是意志力的磨炼"（刘良华），坚持素质教育，促进学生德智体美劳全面发展。

如何提高教育质量？教育活力问题往往被忽视，对此，清华大学石中英教授认为，关键是保证学校办学自主权和教师教育教学自主权，最终确保学生能够积极主动和创造性地开展学习。我们认为，教育的基础研究亟待重视，"没有基础科学，最好的设想就无法得到改进，'创新'只能是小打小闹"。教育质量的提升高度依赖于对科学规律的尊重程度。没有基础研究的兴盛，就没有中国教育质量的崛起。更进一步，具有中国特色的教研系统也面临转型之需。"需要从长远着手努力建设三个体系，一是以校为本的课程实施与质量保障体系。这是提升质量的关键所在。二是建设质量监测体系。三是建立对学校课程体系、实施状况、课程评价等的研究、指导、服务体系。"（尹后庆）

如何解决好立德树人中的难点问题？社会主义核心价值观教育如何做实？必须讲究艺术和科学。应像盐溶于水那样把核心价值观渗透到学校的方方面面。要学会利用和重视解决学生内心的价值冲突。如何培养良好的国家认同感？"在国家认同教育中，既要培养学生对国家积极的、正面的感情，又要努力培养其理性的反思和批判能力。"（班建武）

学校要积极发展哪些"新能力"？这些能力不仅包括狭义的针对学生的育人能力，也包括广义的针对教师、家长和社会的教育能力。调动教师的积极性成为许多校长头疼的问题。如何应对家长高涨的教育需求，也是学校面临的高难度课题。今天的家长学校，应该真正成为学校教育的一个必然组成部分。"首先是课程化。'家长学校'是学校家庭教育工作的重要抓手，而把'家长学校'办出效果，关键在于开设好'家长课程'。""其次，要根据家长需求，寻找教育的共识，形成学校和家庭教育的一致性。"在自媒体时代，运动伤害、校园欺凌、饮食安全、教学设施致伤、虐童弑师等问题经由互联网的传播，时常把一些学校推到社会舆论的风口浪尖。因此，危机管理能力也成了学校需要增长的新本领。

如何能够真正读懂学生？这不是一个新话题，但是当下的孩子，被时代迅速改变和重新塑造的力度远远大于从前。在物质相对富裕的环境中生长起来的一代人，面临着人生价值和意义的迷茫。与"为什么活着"相关的另一个问题是：如何活着？"啃老"一族的壮大，不断地提醒我们反思，为何青少年缺乏远大志向？如何帮助他们建立好个人与家人、个人与社会、个人与民族和国家的密切联系？屠呦呦，一个中学时代的"中等生"，一举夺得诺贝尔奖，让我们不禁思考：什么样的学生才是真正的"学霸"？社会在进步，即使在文明的更高级阶段，我们仍然需要和"人性之恶"相抗衡，用温暖而催人奋进的集体，培养学生之间的"人伦之情"。留守儿童真的是一个完全失利的群体吗？为什么有些留守儿童在不利处境中却表现出自强奋进、积极适应的力量？这一系列的问题，都需要我们回到学生本身，深入研究他们的真实处境、真实想法和真实成长，让我们的教育跟上他们成长变化的步伐。

为什么要关心教师的精神世界？物质需求的极大满足，必然将人的精神需求推向前台。现代学校的使命，也日益从知识技能教育转向对人的精神和心灵的耕耘。因此，教师的工作将更多作用于人的精神世界。教师应当是一个精神健康的人、丰富的人，甚至更应该是灿烂的人。然而，教师自身的思想、理想、情怀等却遭受诸多挑战和诱惑，娱乐至上、物质消费、价值多元、职业倦怠时刻侵袭着教师的精神世界。精神灿烂来自幸福生活。教师自己应当有能力过幸福的生活。对此，檀传宝教授认为，要作好三方面的精神准备：一是了解幸福人生"属人"的真谛。追求爱与关怀、自我实现、真善美等，就会收获有意义的人生，远离枯燥、寂寞、无意义的生活。二是建构自我实现的人生梦想。唯有在意学生，学生的成长才能带给我们微笑；只有追求职业生涯的高远目标，才可能收获高峰体验的喜悦。三是培育施展才华的主体素养。幸福人生从可能到现实需要许多条件，包括德行、专业知识等。一言以蔽之，关心教师的精神世界，将成为提升教育质量的关键之关键。

这本书还探讨了诸如高品质学校的特质、优秀教师的成长秘密、美育是未来的教育学、阅读等重要议题，不再一一赘述。相信这些文字能够开启您对新时代学校使命的深度思考和对美好未来的辽阔想象。

2018 年 8 月

（作者系《人民教育》杂志总编辑、编审）

大事件与大视野

我们的教育自信在哪里

《人民教育》编辑部

教育自信，说到底是一种文化自信。

国人谈自信，特别是谈教育话题，常常有两种截然相反的论调，要么妄自菲薄、自怨自艾，要么盲目自大、得意忘形。自卑或膨胀都会蒙蔽双眼，让人丧失对事实的客观判断。

当下有种倾向很明显，一提教育或文化，有人总本能地拿西方的标尺来衡量中国，而这个标尺还常建立在对西方社会、文化、教育一知半解的基础之上。相对于不懂（可能也不愿意去懂）西方，更要命的是不懂中国的文化和国情，其突出表现就是，对中国文化、教育的优势和长处，不自知或仅限于模棱两可的认识。

他信的前提是自信。文化自信、教育自信，首先要认识自己的传统，认清自己的优势和不足。具体来说，在中国这块土地上，我们的传统文化、教育传统中，究竟哪些是值得自豪、自信，需要传承并发扬光大的？

所有模糊、笼统、似是而非的答案都证明不了"自信"。只有在中西比较的视野下，同时又深入到中国学术、学问的内部，甚至是学科思维方式内部来谈这个问题，只有反复甄别、比较、总结清楚这片"土壤"里过去和当下正在发生的可贵经验，以"我"为主，方能找到中国教育的自信方向。

当然，话题讨论还可以延伸或衍变。例如，为何"自信"话题难谈，大概也隐藏着不同的声音和立场，这恰恰也反映出我们对当下教育的焦虑感。

有人便认为，真正的"自信"是一种勇气——是敢于承认自己不足和差距基础上的强大；还有人认为，"自信"也是一种复杂、矛盾的情感体验，是博大精深、民胞物与……

上世纪30年代，鲁迅发表了《中国人失掉自信力了吗》一文，他提出，"必须不被搽在表面的自欺欺人的脂粉所诓骗，却看看他的筋骨和脊梁"。我们的教育自信在哪里，也应该看看文化土壤、教育传统中的"筋骨和脊梁"，认清自己，才能走得更远。

原载于《人民教育》2017年02期

知器与明道

尤　炜

《中国诗词大会》火了。在许多家庭里，对古代诗词"无感"的孩子，脑中古诗词几乎"无存"的父母，甚至觉得竞赛类电视节目"无趣"的老人，都被吸引到荧屏前，一看再看，如痴如醉。新学期刚开始，不少师生已经在语文课上玩起了"飞花令"。

在一个文化取向日趋多元的社会，要将教育背景、审美偏好、思维方式迥乎不同的多个人群吸引到一起，仅仅依靠带有娱乐性的节目创意与市场化的节目运作是很难做到的。可以说，传统文化自身的价值与魅力，放大了当代传媒的"圈粉""造星"功能，从而产生了极佳的传播效果。此前《中国成语大会》《中国汉字听写大会》等节目的热播，原因也莫不如此。

原来日用而不知的汉字有如此大的魅力，原来看起来平常的成语有那么深的江湖；原来那些"道不得"的眼前景、"说不清"的心头情，都已经在古诗词中有了精妙的表达；原来诗和远方并不在天的尽头，而是在历史的深处……无论是惊叹、感慨，还是自愧，种种"原来"告诉我们，虽然枝干屡遭风雨，花叶时或凋零，传统文化的根柢仍然深固。经历了坎坷与冲击，中国人之为中国人的文化基因依然存在。在内心深处，它们其实从未远离。中国文化的基因，以及它所维系的中华文脉，是中华民族屹立于世界民族之林的真正基石。

所谓传承传统文化，其重点就在于不断强化这种基因，维系这一文脉。

近年来，传统文化的普及工作在基础教育领域开始得到一些重视，但严格说来，普及与传承并不相同：前者意在"知器"，关注点是知识的组织与传播；后者重在"明道"，着眼于精神的开掘与延续。在广大中小学，应明确地将传统文化中的核心理念、中华美德、人文精神这些"道"作为青少年学习传统文化的重点。课程目标的确立、学习内容的选择和教学方式的改进都不能偏离这些重点。

有人认为，中小学生主要应学习传统文化常识，理念、精神一类的东西对他们而言过于"高深"。其实，基础教育的"基础"二字，主要意义并不是"简单"或"肤浅"，而是"必需"和"奠基"。普及文化常识犹如修枝剪叶，散花献果；传承文化精神则好比耘土浇水，培根固本。于根柢处着力，正是基础教育的主要任务，当然，因学生的年龄不同，在具体教学中需要遵循"接触、感受—了解、认知—理解、认同"的规律。但是，那种以"降难度"和"打基础"为托辞，将传统文化学习窄化为常识积累和文词记诵的做法，显然并不符合传承传统文化的本旨。

进而言之，"常识"的意义也应有所拓展。常有的观念、常见的思想、常态的行为等，都应属于"常识"的范畴。"常识"之"识"，也不应仅仅是知识，还应包括认识、见识在内。学习这样的"常识"，才能更好地让传统文化植根于青少年心中，而不仅仅是成为其知识版图的一部分。

传统文化是中华民族漫长历史的丰厚遗赠，更是能融入现实社会、开启未来生活的重要资源。传承发展传统文化，不能停留于赞叹其年深日久、古风古韵，而是要使其"与当代文化相适应，与现代社会相协调"。我们不能忘记，返本是为了开新，传承是为了发展。在培育根柢的过程中，想要使其不断壮大深固，除了正视过去，还要放眼当下，让它能从新的土壤中汲取营养。教育工作者只有在这两方面都深思笃行，传统文化才能更好地展枝散叶，开花结果；当代文化才能更具有中国特色、中国风格和中国气派。

作者系《人民教育》特约评论员

原载于《人民教育》2017 年 05 期

重建中国的精神与灵魂

于 丹

十八届三中全会《中共中央关于全面深化改革若干重大问题的决定》里，有关教育改革的篇幅并不长，只有短短三段话。其中，特别提到了"完善中华优秀传统文化教育"，而且位置很靠前，颇引人深思。

回顾整个 20 世纪，我们不断地颠覆，不断地破坏，不断地斗争。中国现在各个方面的掌门人、中年人，包括我自己在内，成长在什么样的环境中呢？很多人是生于"反右"，长于"文革"，世界观形成于批儒批孔。学生批斗老师，人们之间猜忌、冷漠、攻击，这些东西是专业知识课程可以磨合、解决掉的吗？我们为什么在今天还有很多公共空间的暴力，包括网络上的暴力，这些东西的深层次原因是什么？我并不认为我们的专业知识提升了，就一定能够获得人的自我确认和自我行为的规范。

所以我在这里呼吁，中小学校不仅要完善中华优秀传统文化教育，而且要着力加强这方面的教育。

一个民族不能数典忘祖，就像一个人永远不要笑话自己的童年一样。因为童年学的是做人的规矩，而中华优秀传统文化最核心、最重要的就是传递做人的规矩，并让孩子从这些规矩中获得自我确认能力和自我行为规范能力。大家都知道孟子，他把孔子所讲的"仁义礼智"四个概念进行了重新定义，把"仁义礼智"归结到一颗初心、本心上。所谓"仁爱"，无非就是一个恻隐之心；所谓"大义"，无非就是一个羞恶之心；所谓"礼"，就是恭敬辞让之心；所谓"智"，在孟子看来，不是知识，而是是非之心。我也想说，在知识教育如此发达的今天，知识等同于智慧吗？有了知识就会拥有是非之心吗？恐怕不见得。

"智"的概念，从孟子到明代大儒王守仁，一直在不断地被提及和诠释。王守仁所提出的心学，最重要的观点就是"致良知"。他说，良知只是个是非之心。孔孟朱王走过的这条路，其实就蕴含着中华民族一个独特的文化基因，即"智慧是要明辨是非"，用农民的话说更明白，就是"得知道好歹"。

过去在很多村子里，都有一些目不识丁的大娘或奶奶，邻里吵架了，家庭产生纠纷了，孩子不念书，都可以拎到老太太面前。老太太虽然不识字，但是明事理，说得大家心悦诚服，起码告诉孩子不敢伤天害理。这就是中华优秀传统文化的力量，它让一个社会的人心凝聚起来，有一个核心的东西，带着整个社会、整个国家一直呈现向上、向前的状态。

人类历史上有四大古文明，分别是两河流域文明、埃及文明、印度文明和中华文明，前三种文明都断裂过，只有中华文明一脉相承，从未间断。为什么？因为中华文化的优秀基因一直没有消失，它们塑造了中国的精神和灵魂，也决定了中国式的生活态度和审美方式。

我一直喜欢《浮生六记》。芸娘和丈夫只能喝粗劣的茶叶，她就把茶叶装进纱囊，放在未开的莲花中，早上露水未干时再拿下来；第二天晚上于月光下，再放到另一朵莲花中。连续三天后，粗劣的茶叶也能喝出清香的莲花的味道。

这是什么？这就是中华传统文化所称道的艺术。艺术不见得要考级，而是一个人能够在平凡朴素的日子里活得生机盎然的能力。所以，中华优秀传统文化告诉我们要信任艺术。不要动不动告诉孩子，弹琴可以加分，跳舞可以考级。要让这些事情变得纯粹起来，变成一种审美的、日常的生活方式，让一个人哪怕在最孤独、最具挫折感的时候，也能活得有尊严，活得有乐趣。

我总是认为，在中华优秀传统文化中，有我们这个民族的顶级大智慧，让个体在面对大变化的时代时，能够坚持一些万变中的不变，比如人性的善良、有尊严、明是非。这，不比许多事情重要得多吗?

作者系著名文化学者，北京师范大学教授、博士生导师、首都文化创新与文化传播工程研究院院长，国务院参事室特约研究员

原载于《人民教育》2014 年 05 期

传统文化中的教育精神

《人民教育》评论员

习近平总书记指出，中华文明不仅对中国发展产生了深刻影响，而且对人类文明进步作出了重大贡献。中国优秀传统文化中蕴藏着解决当代人类面临的难题的重要启示。文化传统是历史的，更是当代的。继承和发扬优秀传统文化，因为它是我们的精神渊源，对我们的当下生活和未来命运有着巨大影响。在看似已经远离我们的文化传统中，藏着开启思想、精神"死结"的钥匙。

从教育的角度看，我们不应该只把传统文化看成教育的部分内容或者一个领域，也应该把传统文化作为建设当代中国教育的重要思想资源。传统文化中蕴藏着丰富而深刻的教育思想，其教育精神至今还闪烁着人性和智慧的光彩。

孔夫子与众弟子共坐，一句"以吾一日长乎尔，毋吾以也"，满满的都是坦诚与平等，带着随意与轻松，真正的教育就从这里开始了。

在这样的传统的熏陶下，我们在中国的学校中应该可以看到更多类似的场景，但实际上恰恰相反，因为有太多的教育者对"师生平等"并不能真正接受，更不能将其融入血脉。有些教育者时不时就要拿着各类规矩"野蛮"一下，端着老师的架子"任性"一下。他们不知道，不平等的师生关系也许能压出听话的宝贝，逼出高分的学霸，却无法培养出有着完善人格的人。缺少坦诚、平等的教育永远不能深入到人心、人性和人生的肌理之中。

"道而弗牵则和，强而弗抑则易，开而弗达则思。和易以思，可谓善喻矣。"《学记》提醒我们，教育中最危险的不是明显的"错误"，而是那些似是而非的"正确"。我们的学校中，还大量存在着"跟着老师走是最好的学习方法"一类的"牵"，"只有考到前十名的人才能去夏令营"一类的"抑"和"这个问题应该这样思考"一类的"达"。老师不远不近的陪伴比耳提面命的指教更有效，勉励与商量比留堂请家长更有用，宽容学生的异想天开甚至胡思乱想比简单告诉他们何为正确更有价值。我们的教育者缺乏的不是学养，不是奉献，更不是良好的动机，而是宽松、圆融的教育举措、教育智慧。

在传统文化中，如果说孔子有着最多的信徒，那么庄子便拥有最多的粉丝。他说："天下皆知求其所不知而莫知求其所已知者，皆知非其所不善而莫知非其所已善者。"他提示我们要时刻警觉：求知犹如在知识的原野上跑马圈地，但别忘了停下来整理自己头脑里的缠藤乱麻；引导学生反思当然值得称道，可也许真正该反思的正是用来反思的标准。教育是无比精微的事，它的每一个名词都必须详加考察，认真考量。教育是最怕僵化的，沿着一条原本正确的路走得太远，往往就会偏离正确的方向。

教育的目的在于"成人"。"成人"究竟应依靠"自成"还是"造成"，如今恐怕仍会有很多人选择后者。如果我们能听一听柳宗元笔下种树高手郭橐驼的话，就不难知道这样做"虽曰爱之，其实害之；虽曰忧之，其实仇之"。如果我们能听一听陆九渊关于"自得，自成，自道，不倚师友载籍""教小儿，须发其自重之意"的论述，也许就能让教育去掉许多"虚火"，少了一些"妄念"，回到它清凉宜人的本质。

古为今用、以古鉴今。以上所举传统文化中的只言片语，并不系统，更不全面，但足以展示它对当今中国教育改革的价值。在我们不断与国际并肩同步之时，我们也应该谦虚、客观地向传统文化学习，学习其中有益的知识、经验、智慧、思想，尤其要领会其中的教育精神，使未来的中国教育更有中国特色、中国风格和中国气派。

原载于《人民教育》2015 年 10 期

培育良好的国家认同感

班建武

  国家认同是现代国家存在的重要合法性根基，也是一个国家得以生生不息、不断发展的重要内在支撑。公民国家认同感的形成除了需要公正的国家制度作为保障外，更需要教育的后天涵养与培育。放眼全球，没有哪个国家不重视对自己公民的国家认同教育。

  国家认同教育，就其实质而言，主要解决的是公民的身份认同问题。而在公民身份认同问题上，目前出现了两种亟待我们关注的新倾向。

  第一种倾向是公民的国家身份正日益为公民的私人身份所僭越，由此可能会从根本上削弱公民对国家的义务感和责任感。在高度中央集权的社会中，公民的身份认同主要建立在一种国家公民的身份认同基础之上。可以说，国家身份认同在价值排序上明显高于公民的其他身份认同。目前，随着社会民主化的不断发展，公民的其他身份属性日益得到社会的认可，其身份形态表现出前所未有的多样性。这反映了中国社会对公民权利的重视，是社会进步的重要表现。但同时，公民如何对其不同的身份认同进行价值排序，就成为新的时代问题。比如，有些公民会因为其私人身份存在的合理性而回避、弱化甚至推卸其国家身份的义务要求。这就从一个极端走向了另一个极端。

  第二种倾向是公民身份受到来自地区公民身份和世界公民身份的双重冲击。随着中国社会开放性和流动性的不断加大，公民的跨地区流动日益频繁，这就不可避免地带来公民在其身份认同过程中对其所属的地区公民、国家公民和世界公民身份认同的冲突。有些公民可能会过于强调自己的地区公民身份而拒斥其国家公民身份，只强调自己作为某个民族、地区公民利益的合理性，而忽视国家的整体利益。而有些公民则会过于强调自己的世界公民属性，却弱化自己对特定主权国家的归属感，从而有可能走向民族虚无主义。因此，如何在一个开放、民主的社会中，帮助公民平衡好自己的多重公民身份之间的关系，是国民教育面临的重要现实问题。

另一方面，如何平衡公民在国民身份认同中的"求同"与"求异"，也是不可回避的现实课题。认同一方面表达的是对某种身份的主动认可，追求的是与这种身份要求的价值一致性；另一方面，这种追求本身，恰恰也表明了自己与其他身份的不一致性。也就是说，身份认同是一个"求同"与"求异"同时并存的矛盾运动。

从"求同"性的国家认同来看，要在肯定认同和批判认同两方面寻求平衡。长期以来，在国家认同教育过程中，我们对于其中的"求同"认同，基本上主张的是一种非反思性的肯定性认同，即要求公民对国家只能毫无条件地赞同和支持。一旦有人给国家提意见，便被认为是不爱国的表现。实际上，"求同"既包含一种积极情感的无条件肯定，也包含建设性的批评与建议。在某种意义上我们甚至可以说，对国家毫无条件地肯定是容易的，但是能够指出国家发展中的不足，并用一种建设性的立场为国家的发展提供改进意见，是一种更高层次的、更理性的"求同"。因此，在国家认同教育中，既要培养学生对国家积极的、正面的感情，又要努力培养其理性的反思和批判能力。

从"求异"性的国家认同来看，要在维护国家利益的基础上走向与世界各国的"美美与共"。在日益全球化的今天，如果我们对学生的国家认同教育建立在对其他国家的简单否定基础之上，那么这既不利于我们以开放的态度吸收人类的一切优秀文明成果，也不利于学生客观理性地认识整个世界，从而也会削弱我们开展国家认同教育的合理性。

作者系《人民教育》特约评论员

原载于《人民教育》2015 年 19 期

社会主义核心价值观教育不能是一阵风

石中英

引导广大青少年学生将社会主义核心价值观内化于心、外化于行，不是一蹴而就的事情，必须作好长期努力的思想准备。要构建社会主义核心价值观教育的长效机制，需做好以下几方面的工作。

首先，教育行政部门和学校主要领导要真重视，亲自抓。一些地方和中小学校，在开展社会主义核心价值观教育方面，时有时无，时重时轻，重要原因是主要领导不重视，当甩手掌柜。有的学校甚至发出了"社会主义核心价值观教育就像一阵风，过去就过去了"的议论。要解决这样的问题，教育行政部门和学校的主要领导必须亲自出马，负起组织和领导责任，统筹规划社会主义核心价值观教育在本地区、本学校的实践，做宣传、践行和守护社会主义核心价值观的先锋与榜样。

其次，社会主义核心价值观教育要与学校生活密切结合在一起，不能出现"两张皮"的现象。价值观是人们用以评价自己和他人行为对错、好坏以及高尚与否的正当性标准，它们不能孤立地存在，只能通过人们的正当性行为得到表现和传承。因此，社会主义核心价值观教育，必须像盐溶于水那样渗透到学校的教育、教学、管理、服务和学校文化建设的方方面面。一次革命老区的社会实践、一届公平公正的体育比赛、一场体现民主精神的班级选举、一次爱心捐赠活动、一堂语文课上关于责任的讨论，等等，都可以成为青少年体验、认同和践行社会主义核心价值观的有效途径与载体。离开了这样的途径和载体，核心价值观教育只能是纸上谈兵。

再次，社会主义核心价值观教育必须建立社会协作网络。有的学校利用每年地方开"两会"的机会，将学生带到人大、政协的驻地和会议现场，真实体验社会主义民主的实践；有的为了开展公正的教育，不仅在学校里建立了模拟法庭，而且将学生带入真正的法庭，观摩司法正义在我国的实现；有的为了激发学生的报国之志，把学生带到当地革命博物馆或英雄纪念碑前，追忆革命的历程和英雄的故事；有的为了创设家校一致的价值观教育环境，利用家长委员会的平台，共同设计和筹划系列活动。当前，在不断深化改革的社会各个系统、领域，有着数不清的适宜开展社会主义核心价值观教育的案例、场馆、资源。只要学校教育工作者积极行动起来，主动与相关单位对接，就一定能够找到核心价值观教育的源头活水。

最后，社会主义核心价值观教育必须善于利用和解决青少年学生内心的价值冲突。有的老师谈到社会上、网络上不良价值观对青少年价值观成长的负面影响，发出无可奈何、应对乏术的感慨。这种悲观主义的情绪必须克服。事实上，在任何社会中，价值观永远是多元的，今天更是这样。多元的价值观必然在人们的内心产生冲突，这并不是什么坏事情，相反，这是人们价值观学习和成长的宝贵契机。人们内心的价值观信念都是经过种种的价值观冲突之后才建立起来的。面对复杂环境给青少年内心带来的种种价值观冲突，教育者不应幻想它们不存在，也不应去责备它们带来的挑战，而应客观地接受、平等地交流、理性地分析和积极地引导。真理越辩越明，价值观越辩越清。创造一种尊重、平等、宽容和理性的对话空间，正确、积极、主流的价值观最终一定能够赢得学生的认同并内化为他们内心坚定的价值观信念，指引他们走上正确的人生道路。

作者系《人民教育》特约评论员

原载于《人民教育》2015 年 23 期

热门话题与公共政策的逻辑

王　烽

"两会时间"，教育成为代表委员热议的话题。他们的诸多教育类建议、意见，回应人民的渴盼，引发广泛关注。

不论是提出高中教育逐步实现免费，还是针对校园欺凌现象的建言，都在为"更高质量更加公平的教育"鼓与呼。

建言转化为现实，离不开公共政策的支撑。

对照党的十八届五中全会通过的"十三五"规划的建议，代表委员的议案、提案，许多已有草蛇灰线。如对高中阶段的免费教育，提及两点，一是逐步分类推进中等职业教育免除学杂费，二是率先从建档立卡的家庭经济困难学生开始实施普通高中免除学杂费。其背后是分步骤、按类型实施的政策思路。

这体现了国家公共政策鲜明的价值导向。

与个体的个性化体验不同，国家公共政策有其自身的逻辑与架构。

它首先要考虑政府财力。当前我国经济发展已经进入新常态，2015 年全国一般公共预算收入增长 8.4%，是 1988 年以来增幅最小的。"十三五"期间，我国财政性教育经费的增长也会有压力。那么，有限的教育经费增量用到哪里，就需要全盘考虑，要多做"雪中送炭"的事。改造薄弱学校、发展学前教育、化解大班额等，涉及是否达到基本标准的问题，在当下自然排序靠前。

还要考虑地区经济发展和居民收入差异。中央"十三五"规划建议从建档立卡的家庭经济困难学生开始，免除他们的高中学杂费，是一种"精准扶贫"的思路。按照这个思路，非义务教育免费首先从农村、家庭经济困难学生做起，从有条件的地方做起，能够更好地发挥财政经费的使用效益。"两会"期间，陕西、青海、新疆等欠发达地区宣布"十三五"时期，高中和学前一年实行免费教育，体现的也是一种扶贫思路，意在通过扶智实现扶贫。

教育自身内涵发展的需要也是国家公共政策出台的大背景。目前，农村小规模学校和教学点最缺乏的是水平高且稳定的师资队伍，要增强这些学校教师岗位的吸引力，必须提高乡村教师待遇，给予更多的政策倾斜。2015年，国务院出台《乡村教师支持计划（2015—2020年）》，便是对此的及时回应。按照党中央的部署，我们要在2020年基本实现教育现代化。现代化离不开教育信息化，也需要大量的新增经费。这些都说明，国家公共政策还涉及有限的经费用到哪里更"好"的问题，不能贸然出圈。

"两会"前，人民网曾举办"2016年两会热点调查"，近400万网友参与。"教育公平"位居前五。

教育是最大的民生。民生的价值取向是公平与正义，而公平与正义是国家公共政策的灵魂。因此在制定国家公共政策时，要超越一时一地之需，综合考虑全国经济发展水平、教育供需结构、学生成长规律、公众意愿等诸多因素，最根本的是尊重教育规律、解决教育自身最迫切的问题。

为何在"十三五"期间，国家层面没有把九年义务教育延长到十二年？站在通盘考虑的角度，义务教育不等同于免费教育，它至少要包括四个方面：普及、免费、均衡、强制。实现十二年义务教育，对整个国家的经济社会发展有更高的要求。

教育的发展，织于社会经济的大网之中。我们不能跨越阶段，也不能硬生生地揠苗助长。

科学与理性，是公共政策的锚。它保障教育的大船，在公平与质量的航道上平稳前行。

作者系《人民教育》特约评论员

原载于《人民教育》2016年06期

何为法治精神

王人博

　　法治是现代世界的文明形态，也是现代人的一种基本生活方式。世界上的法治实践有千般模样，其精神却是共通的，那就是恪守法律规则，遵从德性。自然世界都有它的节律，而我们人类世界只有温良有序，才会变得更好。"温良"既是现代文明形态，也是现代人必需的教养。法治精神既包含了理性规则，也内化有温良德性。所以，一个法治社会的公民既要服从（国家法律的）外在规则，也要具有内在的公民道德。"法表德里"，表里如一，相互为用。法治与德性的完美结合，才能使心灵与行为和谐统一。

　　说得简单一点，法治就是使我们每一个人言有矩，行有度，为人处事有方寸。少一些言语的戾气而多一些善意，少一些行为的恣肆而多一些谦恭，这是法治精神的题中之义。

　　就我们每一个个体而言，守住本分，不越规矩，这是建成法治社会的基础。法治并不需要宏大叙事，也无须壮怀激烈，它言透的是人世间最普通的道理：官有官道，民有民德。法治之下，官员应知道自己手中权柄的边界；与法治打交道最近的法官，应该明白自己的角色和分量。要知道，"一次不公正的审判，其恶果甚至超过十次犯罪。因为犯罪虽是无视法律——好比污染了水流，而不公正的审判则毁坏法律——好比污染了水源"。法治社会，讲究的是"君子爱财，取之有道"。"信守承诺""童叟无欺"，这是法治社会的基本价值。

法治既是治国平天下的大事，也是在我们身边的点滴小事：一个法治社会就是开车的人不横冲直闯，知道红绿灯的价值；过马路的行人不会站在斑马线上"凑够一拨儿人就走"。要知道，法治与人数无关，只与规则有关。"法不责众"不等于人多就可以无视规则；法治不可能消除冤屈，但它会对冤屈作出一定的补偿，人在无助的时候恰恰需要这种补偿。法治是人在无望的时候的最后慰藉。

法治精神之于教师更为重要。教师的三尺讲台，不仅仅是播撒知识之地，也是造就公民的摇篮。教师培养学生为合格的公民，首先自己得是个好的公民导师。正所谓"身正为范、德高为师"，教师站在讲台上，就应是一座标准的公民像。

说到底，尊重法律规则的实质是尊重人格。中小学教育应该是锻造现代公民独立人格、自由精神的初步与起始，初始成而事半成。法治的长久事业一半在公民教育与养成。公民教育的精髓就在于人格教育。法国著名社会学家涂尔干就说过："在历史中，我们发现人格总是希望赢得尊重。再没有比这样的准则更掷地有声的了。"学校是世俗学理与道德学说的源泉，中小学教师能从这里汲取泉水，并在讲台上和谈话中把它洒在学生身上。人格成公民便成，法治之命则长矣！

作者系中国政法大学教授

原载于《人民教育》2014 年 23 期

2.0版学校危机管理

《人民教育》编辑部

今年初发布的《中国互联网络发展状况统计报告》显示，截至2016年12月，中国网民规模达7.31亿，相当于欧洲人口总量，其中，手机网民占比达95.1%。

互联网技术已经广泛而深入地渗透到社会各领域，它在助推各个行业、领域发展的同时，也"助推"着"危机管理升级"。有人把互联网时代的危机事件定义为2.0版，其显著特点是危机常态化、急剧化。

互联网风暴中，学校管理难以"独善其身"。

在互联网尤其是移动互联网出现之前，校园时而书声琅琅，时而一片欢腾，在多数人心目中，这里是一方让人精神安宁的"净土"。而今天，本该平静的校园，运动伤害、校园欺凌、饮食安全、教学设施致伤、虐童弑师等问题经由互联网的传播，时常把一些学校推到社会舆论的风口浪尖。

在人群相对密集的校园，危机事件总有一定的发生概率，难免哪个学生踢足球时被球击中导致视网膜脱落，难免哪个"淘气包"对班级同学恶作剧，也难免个别学生课间饮水时被呛着……诸如此类的事情，过去学校只要与家长、孩子作好沟通就能化解，现在学校不仅要与家长沟通好，还要学会应对网络传播。稍有懈怠，短时间内就可能成为舆论焦点；稍一不慎，便有可能落入"危机之网"。

那么，该如何应对？作为学校管理者，必须做到未雨绸缪，降低危机事件的发生概率，提升危机应对和处置能力。这要求学校管理者熟悉学校内教学和管理的各个流程、环节，熟悉教育法律法规、学校财务管理等条文，还要不断提升舆情应对能力，让自己有足够的储备和经验应对一些突发性事件。

学校危机管理进入 2.0 版时代，您准备好了吗？

原载于《人民教育》2017 年 08 期

抓住那些能带来教育飓风的蝴蝶

《人民教育》编辑部

3月5日，李克强总理的《2015年政府工作报告》透露出新信号，促进教育公平与提升教育质量的关系发生微妙变化。提升质量，将成为教育核心命题之一。

提升教育质量，当然关系到教育内部的体制机制改革、课程教学改革、教师队伍等等，但一个通常看不见，不受重视，却始终在教育中发挥重要作用甚至根本作用的大手，一直在指挥着我们的孩子们。学校要培养学生综合素质，家长却只关心分数；学校教育孩子们要树立远大理想，家长关心的却是未来如何挣大钱。学校向左，家长向右，教育效果如何呢？多项研究表明，家庭教育水平与孩子的发展水平呈现正相关。

这也许正是习近平总书记为什么会在春节团拜会上一再强调家庭、家教、家风之重要的原因所在。

学校教育在家长这个问题上真的是无能为力吗？我们明明知道，一个问题孩子背后一定有一个问题家长，却没有往前走一步的想法。孩子有问题了，才想起找家长约谈；期末结束了，找家长来例行公事通报一下情况。有远见卓识的学校，主动迈过这道界碑，开办家长学校，建立家校共同体。如同蝴蝶抖动一下翅膀，就会带来飓风，家长的一点点改变，都会把孩子带进一个新的世界。为什么不去抓那些能带来教育飓风的蝴蝶呢？

目前，家长在教育学问题上，大多数是"流浪儿"。从机构设置上看，家长教育处于"三不管"地带。那些天天等候在校门口翘首以盼的父母们，无论来自哪个社会阶层，在孩子教育问题上，都处于"饥渴"状态——这是家长教育的最佳状态。

以学校为单位组织家长进行引导和沟通，特别是结合孩子的实际情况普及教育学、心理学知识和科学的教育方法，是再合适不过的了。带班多年的班主任，在教育孩子方面就是家长最好的导师。学校本身在家长中间也有很高的"公信力"，"愿意听学校的"，是很多家长的共识。

其实，《中国儿童发展纲要（2001—2010年）》已明确提出："建立多元化的家长学校办学体制，增加各类家长学校的数量。"而早在2004年，全国妇联、教育部就发布过《关于全国家长学校工作的指导意见》，可惜没有得到足够的重视，也因为政出多门，难以落实。

今天的家长学校，当然不能停留在过去的理解上，而应该真正成为学校教育的一个必然组成部分。目前家长教育中小学（幼儿园）已经有多种形式，但大多数属于自由松散型，缺少系统的课程安排，也缺乏保障，并且随着校长的更替，家长教育起落也很大。

从长远看，中国非常有必要建立家长学校教育机制，特别是要明确管理主体和办学主体。家长学校的管理职责可以归口到教育行政部门，办学主体为中小学（幼儿园），并从经费、人员上给予保证，让家长教育常态化、科学化，与学校教育互融互通。家长去学校，不是去听大道理，而是去学习解决实际问题的办法；不是去"受训、道歉"，而是与其他家长交流经验，自省自悟。把孩子的问题解决在未然状态，是教育的最佳选择。

一代家长的素质，一定程度上决定了下一代的素质。我们虽然改变不了家长的素质，但可以改变其教育见识，让那些天天想打麻将的爸爸妈妈，在孩子在家的时候不打麻将；让那些只懂得暴力教育的家长，看到和风细雨的魅力；让那些整天忙于工作的父母，懂得陪伴和对话；让那些想离婚的父母，坚持到孩子成年以后。

原载于《人民教育》2015年06期

创造存在于每一个人身上

罗 劲

伴随着全球化和信息化社会的到来，人类世界迈入了一个前所未有的高速发展时代。无论是呈爆炸式增长的海量知识、信息，还是瞬息万变的生活、工作环境，都让人们切切实实地感受到了各种各样的变化。在享受新科技革命带来的种种便利的同时，人们也必须面对变化所带来的挑战。应对挑战，固然要有"以不变应万变"的心态，也需要追随社会发展的潮流与趋势，变被动适应为主动出击，以创造力或创新素养为武器，去适应时代的快速变迁。创新已经成为当前国家、社会和个人成功的核心要素。每个人都是创新者，人人皆可创造。

创造是生命中最基本的动力。柏格森的创造进化论认为，生物进化历程不仅在于适应环境的变化，更在于不断地创造出新的生存竞争方式（例如物种进化出适于防御和捕猎的甲壳、牙齿）以获取生存优势，因此我们可以说，生命的历程就是创造的历程。同时，创造也是人类的本能，例如，不断地走神或思想开小差（心智游移）是人类意识活动的基本形态之一，虽然在东西方的许多文化和教育传统中，个体都被要求专心致志并尽量克服和避免心智游移，但心智游移就像是人类意识中的"宇宙背景辐射"一样，看似无论如何都无法被彻底摆脱和排除，而更为有趣的是，新近的心理科学研究表明：创造性思维恰恰是在这种心智游移中产生的。因此，就如同"宇宙背景辐射"反映了宇宙大爆炸一样，作为人类意识"背景噪音"的心智游移也与创造之间存在着本质的联系。所以，我们还可以说，创造是人类意识与生俱来的、不可抹杀的本质特征。

当然，这里我们强调创造作为一种本能的存在，并非意味着人们的创造才能天生就具备而不需要后天的培养和训练。事实上正好相反，创造天性需要呵护和培养。恰如一颗饱满的种子，只有得到合适的温度、湿度等后天环境的滋润，才能够生根发芽、开花结果。

"江山代有才人出，各领风骚数百年。"传统上，创造被视为是极少数人类精英才具有的一种能力，因而提到创新我们更容易想到的是鲁班、爱因斯坦、乔布斯等众所周知却又屈指可数的名字。然而，随着时代的发展和研究的深入，人们逐渐意识到这种理解过于狭隘，在把创新置于"高大上"地位的同时，也大大窄化、压缩了创造的内涵与层次。从内涵的角度，创造不仅仅是因应社会发展需要所必备的一种能力，同时也是一种品格、态度和精神，因此创造力不仅仅是指人们产生新颖奇特而具有实用价值的观点或产品的能力，同时也应该是在开展和从事这些活动中所体现出来的品格、态度和精神。从层次的角度，创造不仅仅是杰出的科学、艺术天才们所独有的专利，同时也是社会中每一个成员普遍所具备的素养。无论年龄、性别、种族、国籍，每个人都有创造力，只是表现的内涵、层次和类型不同而已，从一般领域的创造力到具体领域的创造力，从日常生活中的迷你创造力到职业创造力，从"小"创造力到"大"创造力，创新无处不在。

创造存在于我们生活的每一个方面，存在于我们每一个人身上。教育的目的，就是要创设良好的条件，促进每个人创新素养的发展，让每个学生都去做勤奋学习、自觉劳动、善于创造、勇于创造的人，让每个人都去创造人生的意义，创造生命的意义。

作者系《人民教育》特约评论员
原载于《人民教育》2016 年 21 期

美学是未来的教育学

檀传宝

高尔基曾经说过，美学是未来的伦理学。而基于教育的立场，我愿意一再强调：美学是未来的教育学！

作为苏联最伟大的作家之一，高尔基的上述预言显然不是主张美学在未来取代伦理学。他的意思非常明确：伦理要真正变成自由、有效的实践，就必须具有审美的气质。与高尔基异曲同工的另外一个表达则是来自德国的美学家席勒。席勒认为，人的生活有力量的国度、伦理的国度、审美的国度之别。力量的国度靠弱肉强食的自然法则运行，伦理的国度靠社会规范的强制维持，而审美的世界，人们对于一切道德的服从均来源于自由人对于美的向往。

按照这一逻辑，我坚决主张，现代德育应当尽快建立"德育美学观"以及基于德美、育美欣赏的"欣赏型德育模式"。不仅如此，我还坚定地认为，全部教育实践都应当建立教育活动的"第三标准"，即"善"的标准（教育目的）、"真"的标准（教育规律）之外的"美"的标准（审美原则）。

十多年前，当我提出这一主张时，一位教育学老前辈与我讨论说：现实生活里中国教育连教师工资都在拖欠，何谈建立教育活动的审美标准？我当时的解释是：教育活动服从美的规律是不问时代的。因为孔夫子就曾有"兴于诗，立于礼，成于乐"之说。且当现实教育生活中那些成功的教育工作者酣畅淋漓地完成一次"最好"教学的时候，实际上他们也就完成了一次"最美"的教学（即教学美的塑造），只不过他们可能处在不自觉的教育美的创造状态罢了。而所谓"美学是未来的教育学"，其实就是主张从现在开始，让审美、立美的教育在全部教育生活里成为教育工作者的自觉，让审美标准成为所有教育实践的基本标准与常识。

学校美育的价值，只有建立在以上前提性认识的条件下，才能得到真正的确证。日常生活里，人们常常有意无意地将美育窄化为艺术教育。美育当然包括艺术教育，但真正的美育，显然包括艺术美、自然美、社会美、生活美，尤其包括教育美等所有美的形态对人的全面陶冶。同时，真正的美育首先是审美精神、立美精神的学习，而非仅仅某些艺术技艺的训练（尽管艺术技巧是重要的，且学习起来并不容易）。而美育的精神实质，乃在于消解对于人的各种异化，求得人格及其发展的自由与完整。从广义上说，美育与全部教育的审美化实质上是一体两面的关系。倡言美学是未来的伦理学，实际上就是主张美育事业是全部教育的使命！

不可否认，在迄今为止的教育现实中学校美育仍然是寥落的。但今日之中国，也是对学校美育呼唤最为强烈的国度。这一点，我们不难从正反两个方面得出结论。正面来说，中国教育与社会都在升级、转型之中，如何回应人民群众对于高品质教育的需求是中国教育当前最为迫切的任务。而美育的健康发展是高品质教育的最重要象征——这一结论只要对比中国与发达国家的教育差距就不难发现。而若从反面看，现阶段国人诸多粗俗不堪的不文明行为不仅是德育之耻，也是美育之失。如何帮助全体国民从刚刚解决温饱问题、"吃相难看"的生存状态提升到优雅、文明的高品质生活境界，是当代中国教育，更是美育最重要的任务之一。因此，加强美育，正当其时；投身美育，时不我待。

作者系北京师范大学教育学部教授

原载于《人民教育》2015 年 15 期

阅读是春风，吹醒人们心底创造的种子

《人民教育》编辑部

在今年"两会"的记者招待会上，李克强总理表示，"把阅读作为一种生活方式，把它与工作方式相结合，不仅会增加发展的创新力量，而且会增强社会的道德力量"。他说，这也就是他两次把"全民阅读"这几个字写入政府工作报告的原因，明年还会继续。

阅读问题在中外如此瞩目的场合出现，还是第一次。

总理的话，是对阅读价值的高度概括。阅读的道德提升功能，容易理解，但阅读所蕴含的创新力量，阅读与创新之间的逻辑链条是什么，值得我们进一步领悟。

世界上，阅读量大的民族，创新力量也相对强大。犹太民族是世界上人均读书最多的，每年人均读 64 本书。他们创造了许多世界第一：科学发明世界人均第一，世界上人均拥有论文发表量第一，其转化为科学技术的比例世界第一，诺贝尔奖获得者最多。

多项研究表明，阅读是创新的阶梯。优秀的作者在每一页书里都放下了思想的翅膀，帮助我们穿梭在理想与现实之间，往返于继往与开来之中。文字的间隙，更是充满了想象的空间，里面有星月以上的境界，河海之下的情形，能够与昆虫对话，和花木交流……创新是一条大河，阅读就是大河的源头和不断注入河中的活水。

当前，中国的阅读情况不容乐观，人均阅读量只有以色列的十分之一，功利化、娱乐化日渐侵蚀阅读的健康生态。有调查称，在所有销售出去的图书中，超过 70% 是教材和教辅资料。深度阅读的时间越来越不足，浮躁的文化情绪蔓延，中小学生的注意力为电子产品所分散，给图片和段子"点赞"的浅阅读，占据了相当大的分量。

必须改变阅读中的短视行为，常思常新，才能在国家处于转型和发展的"临界点"时，创造经济的奇迹和新的文化辉煌。

阅读素养是学生的核心素养之一。少年的自我教育往往是从读一本好书开始的。然而，我们的阅读教育正在被异化，不少学生"除了考试和练习册，不知阅读为何物"。阅读教育要蜕旧出新，走出"测试性阅读"的困境，塑造以养成思想力、创造力、表达力为目标的新阅读观。

打开一本书，能不能在字里行间挖掘出丰厚自己精神的源流？能不能推翻前人根据同样资料得出的结论？能不能多角度地看待问题，从相同中见不同，从常例中见特例？只有让阅读成为一场精彩的思想探险，它才能回归本来的面貌。

理想的阅读应该是多元和开放的：突破学科的壁垒，挣开权威的制约，听众声喧哗，看各种思想与价值的碰撞，从而给予创新蓬勃的营养。日本第一位诺贝尔物理奖得主汤川秀树，坦率地把自己的物理学成就归功于中国道家哲学；苹果的创始人乔布斯，认为苹果产品的成功很大程度上受益于书法艺术对自己的触动。如今，学科之间的边界正在倒塌，新的创造将更多地从学科融合中迸发。每个人，都要学会善待那些考试用不上的书籍。

只是，学校准备好了吗？在很多中小学，图书馆仿佛头脑空空的"巨人"，充斥着练习册、盗版书等没有阅读价值的书籍，难以看到经典名作。阅读经典，不仅给人以创新的头脑，还赋予人一个高贵的灵魂。不仅让人知道怎么去创造，而且知道因何而创造。阅读之于创新，更重要的在于启发一个人的理想、希望和意志，而不是单单强调兴趣和方法。"两弹一星"功臣邓稼先接到研制原子弹的任务后，对妻子说："做好了这件事，我这一生过得就很有意义，就是为它死了也值得。"从此，他与世隔绝 26 年，为祖国献出了自己的一生。

好友杨振宁评价他，"是中国几千年传统文化所孕育出来的有最高奉献精神的儿子"。这是因为从小学起，邓稼先就广泛阅读中外经典，创造的理想与人格慢慢浸润了他的人生。

因为爱与理想，创造成为一件美好和伟大的事物，也因此走得更为长久和辽远。

请相信阅读的力量。它是春风，能吹醒每个人心底创造的种子。

原载于《人民教育》2015年08期

享受"读书"

陈平原

随着九年义务教育的普及,"读书识字"已不再是我们的目标,需要加倍努力的,是如何营造"书香社会""书香校园"。在这个过程中,各种激动人心的口号,逐渐失去了效应;不要说"黄金屋""颜如玉"显得虚妄,就连学士、硕士、博士学位,也都只是"而已"而已。这个时候,以平常心面对,读书的魅力方才真正呈现出来。

读书本是平常事,若刻意拔高,说得神乎其神,效果反而不好。我曾写文章辨析大英博物馆中"马克思的足迹"纯属子虚乌有,乃中国人编出来的励志故事。与此相类似的,还有"文革"中广泛流传的鲁迅的"秘密读书室"。此类神话不宜多传,因一旦被拆穿,很容易让人产生幻灭感。

其实,对于识字颇多且略有空闲的人来说,读书是再正常不过的事了;唯一不同的是,有人习惯"正襟危坐",有人喜欢"随便翻翻"。至于古人所说的读书"三上"(马上、枕上、厕上),你把"马上"理解为旅途,就古今皆然了。但有一点,这是一个自然而然的过程,自得其乐就行了,没必要挥舞着旗帜到处炫耀。就像呼吸一样,你如果身体没病,是意识不到它的存在的。

每到 4 月 23 日"世界读书日"来临,总有记者追问:最近读什么书?最喜欢哪一本书?哪本书影响你一辈子?一听问话,你就知道,这是外行。真读书的人,手不释卷,日积月累,就成了今天这个样子。你要我回答,是哪一口饭让我长得这么健壮或苗条的，实在难为人。

只要别暴饮暴食，且食物不变质，也没人投毒，正常状态下，你我就这样"苗壮成长"起来了。让人怀念不已的，是那"不知不觉"中的成长。在我看来，无论是运动员为了特定目标而催肥，还是时尚界流行的减肥，都不是理想状态。

你问我有什么读书体会，回答很简单：暂时忘记卡路里（calorie），保护味蕾，享受美食。

这么说，是因为在我看来，为什么有人痴迷、有人勉强对付、有人则打死也不愿意读书，除了受教育程度、经济能力、空闲时间等不同，关键在于是否感觉到"阅读的乐趣"。过去常说"开卷有益"，这没错；可"开卷"除了"有益"，还必须"有趣"，才可能"可持续"。

我成长在思想封闭的年代，相对容易养成对于书籍的兴趣；现在年轻一辈所面对的诱惑，比我当年多得多。那么多"有趣的玩意"在等着，为何选择相对比较辛苦的读书呢？这个时候，能否真切体会到"读书之乐"，就成了关键。

"阅读"是很个人的事情，所谓的"趣味"，因人而异。审美眼光确有高低雅俗之分，但就"阅读"而言，关键还在找到属于自己的"趣味"。人人说好的，不见得适合你；十年后才能读懂的，不妨暂时束之高阁。对于真正的读书人来说，"偏食"是正常的。因为有"趣味"就意味着有个性、有边界、有局限。第一次面对人人说好而你很不喜欢的书籍时，心里很惶惑，也很茫然。久而久之，明白自己的"阅读趣味"，你就坦然了。

近日读《北京晚报》2013 年 11 月 26 日的《天堂多了一位爱书人——追忆王晓东台长》，很是感动。文中提及王晓东台长如何关心、鼓励、指导北京电视台开设《书香北京》这档读书节目，病榻之上仍心系"书香"并"推荐今年《读书》第九期 159 页文章"。作为《书香北京》的制片人，吴玮称："我买到了您推荐的第九期《读书》，忽然觉得这本薄薄的小书沉甸甸的，翻开第 159 页，是陈平原写的文章《读书是件好玩儿的事》：'我主张读少一点，读慢一点，读精一点。世界这么大，千奇百怪，无所不有，很多东西你不知道，不懂得，不欣赏，一点也不奇怪。'"文章的结语是："我想，这应也是您想说的话：'读书是件好玩的事，不着急，用一生，慢慢欣赏吧。'"（2014年2月18日于京西圆明园花园）

作者系北京大学中文系教授

原载于《人民教育》2014年08期

优质阅读是生命的自我修复

连中国

所谓涉世渐深，可能就是一个人越来越被"事"占领的过程。一个人受教育最核心的意义之一，恐怕是不希望他将来心里只能容得下"事"，而逐渐背弃了"书"，直到心里觉得"书"太傻，再也放不进去任何一本"书"为止。心中有"书"的人不会彻底屈从于现实，他还有自己的灵魂生活，还有远方，还在不断地修复着因久溺人事而产生的"坏区"。"书"是对"事"最关键的救赎。倘若有人问我，一个心里有"书"和一个满脑子都充满了"事"的人最大的区别是什么，我会回答：一个人心中有"书"，他的心中便有了一座晶亮沸腾的星空。他的生命无论是对于工作还是对于生活，都有了更丰富的空间与弹性。

社会越现代化，教育培养的人才就越专业化，这是社会所需。但同时，进入专业的程度愈深，"人"可能愈封闭，愈窄小。我的一位学生家长是一位著名的大夫，不久前专门和我谈论儿子进入大学后的阅读问题。起因是孩子高度近视，又学理工类专业，却将大量的时间投放到人文类阅读上。父亲担心孩子的用眼健康，因此希望孩子将有限的"眼力"投放到自己的专业领域。

我的基本观点是，我们不能拒绝人文类阅读，不能只有专业化知识，人文类阅读帮助我们认识生命并且修复生命，构筑起我们生命大厦最重要的基石。"人"涉世太深后最严重的一种迷失，便是被职务、职称、地位等"炫"住，进而忘记了把握"人"最核心的一个概念：生命。陈平原先生说："那些渊博的、玄妙的人文学，比如文学、史学、哲学、宗教、伦理、艺术等等，是整个人类文明的'压舱石'。行船的人都知道，出海必须有'压舱石'，否则很容易翻船。"优质的人文阅读，一方面可以帮助人拥有更丰富更开阔的可能性，养成更内在的指向"人"本身的深入思考。另一方面，这种可能性一旦与自己的专业构成接轨，就会有别人始料不及的成果。现在主要是引导孩子在保护好眼睛的前提下，要读便读一流的作品。

另一个时代大课题是，在网络时代，如何有效阅读？我以为，如若想让优质的阅读发生，应该持有以下几个基本特征。

排斥喧嚣。现实里不断获取的利益对于遥远而美好的阅读便具有了一种本质上的排斥，"事"越来越重要，"事"越来越多，"书"便渐渐边缘化了。

用自己内心的光亮去寻找自己的阅读。阅读一旦时尚化，我们便难免"中计"，一场浮华过后，内心依旧荒凉。阅读是自我的修行，往往需要一个人上路，不能依靠"集体"。

一旦决定阅读的时候，要放下以往的成见，要放下白天的自己，要放下太多现实的利益诱惑与任务驱动，将自我修复到原初的纯真而好奇的状态。自己如同一条鱼，沉潜在书的河流之中，感受水波的浮沉，让文字如水珠一般与自我相吞吐……自己醇化为一缕风，穿林而过，感受枝叶的阻隔与扶助，听自己的回旋与转身，吸纳整个树林的光影与芬芳……这仿佛是不着调的"诗情画意"。但阅读本质上就是一种出离现实。阅读一旦入情入境，本身便是一场"诗情画意"。人类正是依靠阅读，构筑自己的"天堂"。

有阅读在，证明我们没有被彻底肢解，我们还有愿望和理想在，我们还有自我的精神追求，我们还能有单纯的沉潜发生，我们还能有自己的内心生活。

作者系《人民教育》特约评论员

原载于《人民教育》2017 年 08 期

发现共读中的文化凝聚力

《人民教育》编辑部

多数人认为，我国进入信息时代是上世纪 80 年代中期的事，这 30 多年中，尤其是近些年里，每隔数年都会有新的信息传播方式发明出来。信息传播的多媒体化是这几年的一种趋势，越来越多的信息会被加工成更为直接的形式，作用于我们的底层感觉器官，"读图时代"已经是 10 年前的形容词了，近年来，声音、动画、视频、直播甚至交互……人们把技术可能提供的手段都用到了极致。另一个趋势源自数年前的智能手机普及，它带来了新一轮信息碎片化浪潮，我们越来越习惯于在大量、丰富的信息海洋中游弋，其中每一个信息点都是相对孤立的，我们的耐心越来越少，以至于我们希望每个信息的量越小越好，好让我们有时间去关注更多的事件……我们的注意力（眼球）常常被四面八方的闪光点左右，而无暇对其中任何一个点深入下去。

对个人发展以及社会整体的进步，这些趋势并不完全有利。仔细思考，我们会发现，今天时兴的任何一种信息传播方式，都无法替代有几千年传统的书籍（或电子书）的作用，书籍仍然是系统的知识、思想以及深刻的情感、文化的唯一传播者，读有一定深度的图书，可以训练人的理性思维能力，沉淀人的情感，提升人的素养，这方面的功能任何新式信息传播手段都还不能完全替代。

另一方面，书籍还是凝聚民族文化认同的重要手段。在全球化的今天，一个有着巨大阅读量的国度，书籍能够推动文化中最沉稳的那部分缓缓演进和发展，达成社会的深度理解和默契，从而使这种文化有深层凝聚力，能够跟得上物质文明的发展，有内涵，不会被淘汰、被同化且常葆青春。

我们原本就是一个人均阅读量并不高的国家，今天，我们不仅要补上历史的旧账，还要在新媒体的冲击下扩展阅读人群，这个重任学校必然要分担一部分，为未来培养热爱阅读的公民。新教育的阅读理念中有一个共读的理想，通过共读的行为，我们的学校还可以为提升全社会阅读水平作出贡献。

让孩子们热爱阅读，请马上开始吧。

原载于《人民教育》2017 年 10 期

第二辑

质量时代的教育

我们需要什么样的教育质量

《人民教育》特约评论员

人力资源是我国经济社会发展的第一资源。有报告显示，中国人力资源竞争力进入"爆发式增长期"，2000年中国在世界排名第31位，2012年大幅上升至第14位，成为最有可能跻身人力资源强国的发展中国家。教育是开发人力资源的主要途径。迈向人力资源强国，提高教育质量是关键。

党的十八届五中全会明确要求"提高教育质量"，这是对当前和今后一个时期教育改革发展提出的明确目标、具体任务，是教育各项工作的主题和统领。

质量是教育的生命线。不同历史阶段，质量的内涵不同，目标任务也不同。今天，在全球教育竞争日趋激烈和全面建成小康社会的时代背景下，教育要发挥好关键支撑作用，需要努力实现更加全面、更有效益、更加公平、更富活力、更有贡献力、更有竞争力的质量。

更加全面的质量，就是要遵循教育规律，促进学生德智体美全面发展。这是教育质量的根本。要把理想信念教育放在首位，从小培养"革命理想高于天"的崇高追求，筑牢广大青少年思想文化根基，培养一代代社会主义合格建设者和可靠接班人。要尊重学习者主体地位，培养学生的社会责任感、创新精神和实践能力。

更有效益的质量，就是要强调有效供给。根据人才总需求，动态优化调整人才的类型结构、层次结构、区域布局结构，有保有压、有扶有控。根据人民群众多样化教育需求，建立更加灵活、更加开放、更多选择的教育体系。

更加公平的质量，就是要强调普惠均衡。我们要提高的质量是整体的、全纳的质量，绝不仅仅是少数学生、少数学校、少数地区。要坚持保基本、均等化、可持续，集中力量优先解决最落后、最困难地区的教育发展问题，兜住质量的底线。

更富活力的质量，就是要尊重基层首创精神和学校教师主体地位。提高质量，教师是关键、学校是主体。过去扩大规模，争取更多的资源和投入，主要靠政府行政推动；现在提高质量，要放手释放学校内在活力，让学校在自我发展中生长出特色、生长出质量。"质量时代"，各级教育部门要学会"有所为有所不为"，少一些直接指挥，集中力量办好学校办不了的事，多一些实实在在的服务。

更有贡献力的质量，就是要增强服务国家、服务社会、服务人民的能力。充分发挥教育的基础性、先导性、全局性地位和作用，厚植创新驱动根基，助推发展动力转化。传承创新优秀传统文化，塑造新一代国民。提高全体劳动者创造和参与分配社会财富的能力，打破经济社会地位的代际传递，实现纵向流动。

更有竞争力的质量，就是要在交流合作竞争中扩大中国教育国际影响力。"尺有所短，寸有所长。"要继承和弘扬我国的优秀传统，理性客观地看待和保持我国教育的优势，办出中国风格、中国特色。同时，开放兼容才能强大。在全球化时代提高质量，要强化全球视野，学习借鉴国际先进理念和做法，统筹利用好国际国内两个资源。

提高质量，对全国教育系统的观念、视野、思路、方法都提出了新的更高要求。各级教育部门要牢固树立创新、协调、绿色、开放、共享五大发展理念，加快推进简政放权、放管结合、优化服务改革，以现代化的治理和优质的服务为提高教育质量提供有力保障。

原载于《人民教育》2016 年 03—04 期

质量的崛起有赖于基础研究的兴盛

《人民教育》编辑部

2月11日，美国科学家宣布，他们利用 LIGO 探测器，首次探测到"引力波"——爱因斯坦百年前预见的一种时空干扰波。

随后，麻省理工学院校长在致全校的信中称：没有基础科学，最好的设想将无法得到改进，"创新"只能是小打小闹。只有随着基础科学的进步，社会才能进步。这段话在中国引发的震动不亚于发现"引力波"本身。

在提升国家竞争力的今天，我们反复研究科技创新能力领先的国家，其中重要的经验便是对基础研究的强调与重视。据了解，在经费投入上，大部分发达国家基础研究经费占 R&D（研究与发展）经费的比例为 15% ～ 25%，2012 年美国为 16.5%，但中国仅为 5%。

有人比喻，基础研究是面包，而应用和产业则是面包上掉下的面包屑。一个大国，如果不去做面包，那么它就只能永远捡人家餐桌上掉下来的面包屑。

不重视基础研究，不舍得在基础研究上花血本、下苦功，我们在一些关键领域、核心技术上就只能捡别人的"面包屑"。

教育亦是如此。教育改革在一些重大问题上，为何很难取得社会共识，甚至教育界内部，也时常出现忽视常识、功利浮躁乃至走火入魔的现象？很可能与我们不重视基础研究有关。

越是进入质量提升阶段，越需要有高质量的基础研究。只有我们的教育科研工作者能够静下心来，甘愿坐一坐冷板凳，诚恳地多深入实践作调查研究，诞生一批经得起实践检验的基础研究成果，教育改革的步伐才稳健踏实，而不只是停留于经验、情绪层面没完没了地争论。

但是，一个严峻的现实是，从事基础研究的人承担着巨大的压力，他们总被要求回答：花这么多钱，有什么用？能不能保证有重大成果产出？对基础研究的"无用之用"，我们总是缺乏足够的敬畏和耐心。

我们需要算好长远账。一些重大的基础研究，可能暂时不会产生看得见、摸得着的效益，但从长远看，却给某个领域乃至整个社会带来巨大的"收益"，有时其"副产品"的效果大于"主产品"。

因为高能物理学家需要进行数据传输，欧洲核子中心的科学家发明了WWW网页技术，使互联网走入寻常百姓家，极大地改变了我们的生活方式。这次LIGO的重大发现，其减震技术、激光技术和极低噪声技术未来的用途也将极为广泛。

更为重要的是，在基础研究"寂寞长跑"的过程中，将锤炼、培养出一批批顶尖级的人才和团队。麻省理工学院校长就说，历经30多年的LIGO项目，"是数千大学生和数百博士生的训练场"。

同时，基础研究也要解决好开放引进与自力更生的关系。有的成果可以靠引进，但有的却不行。如人文社科领域，基础研究的基本理念、范式以及研究工具、模型，目前基本全面从国外引进。但是，人文社科研究的特点恰恰是必须立足本土，才可能深入研究对象、正确解释研究对象，并且作出原创性的贡献。改革开放以来，中国基础教育的一线活力四射、万马奔腾，这样的土壤、这样的实践，本应该产生一批有中国气质的教育基础研究成果。遗憾的是，这样的成果凤毛麟角。

是的，中国教育的基础研究是时候吐故纳新了，特别是要立足本土，融通中西，为解决中国教育面临的基本问题开辟道路。比如中国学生学习发生机制、中小学综合课程与分科课程的关系、价值观教育规律，等等。它们困扰基础教育的发展，又不是一线教师凭经验可以解决，亟待教科研工作者耐心、专注的基础研究。

基础研究，解决的是前提性、科学性、根本性问题。前提错了，方向就可能不对，"创造"就白费力气。教育质量的提升高度依赖于对科学规律的尊重程度。没有基础研究的兴盛，就没有中国教育质量的崛起。

原载于《人民教育》2016 年 05 期

核心素养：重构未来教育图景

《人民教育》编辑部

去年3月，一个崭新的概念——"核心素养"，首次出现在国家文件中。在教育部印发的《关于全面深化课程改革　落实立德树人根本任务的意见》中，"核心素养"被置于深化课程改革、落实立德树人目标的基础地位。今天，这个概念体系正在成为新一轮课程改革深化的方向。

为什么要提出核心素养？

十八大提出，要把立德树人作为教育的根本任务。但立德树人靠什么来落小落细落实呢？这是个问题。

曾几何时，知识本位、应试教育填满了学校生活的缝隙，师生争分夺秒，为的是获取更多的知识。然而当知识以几何级态势增长，这种方式还能奏效吗？

人们意识到，知识教学要"够用"，但不能"过度"，因为知识教学过度会导致学生想象力和创造力发展受阻。

教育不能填满学生生活的空间，要留有闲暇。因为学校教育绝不是给人生画上句号，而是给人生准备好必要的"桨"。

更新知识观念是一种世界趋势。国际上多数国家、地区与国际组织都认为，以个人发展和终身学习为主体的核心素养模型，应该取代以学科知识结构为核心的传统课程标准体系。

国际上长达20多年的研究表明，只有找到人发展的"核心素养体系"，才能解决好有限与无限的矛盾；只有找到对学生终生发展有益的 DNA，才能在给学生打下坚实知识技能基础的同时，又为未来发展预留足够的空间。

那么"核心素养"到底是什么？

不同于一般意义的"素养"概念，"核心素养"指学生应具备的适应终身发展和社会发展需要的必备品格和关键能力，突出强调个人修养、社会关爱、家国情怀，更加注重自主发展、合作参与、创新实践。从价值取向上看，它"反映了学生终身学习所必需的素养与国家、社会公认的价值观"。从指标选取上看，它既注重学科基础，也关注个体适应未来社会生活和个人终身发展所必备的素养；不仅反映社会发展的最新动态，同时注重本国历史文化特点和教育现状。在我国，社会主义核心价值观包含了国家、社会、公民三个层面的价值准则。因此从结构上看，基于中国国情的"核心素养"模型，应该以社会主义核心价值观为圆心来构建。此外，它是可培养、可塑造、可维持的，可以通过学校教育获得。

落到学校教育上，还需解决一个关键问题：它同学科课程教学是什么关系？

一方面，核心素养指导、引领、辐射学科课程教学，彰显学科教学的育人价值，使之自觉为人的终身发展服务，"教学"升华为"教育"。另一方面，核心素养的达成，也依赖各个学科独特育人功能的发挥、学科本质魅力的发掘，只有乘上富有活力的学科教学之筏，才能顺利抵达核心素养的彼岸。

核心素养还是学科壁垒的"溶化剂"。以核心素养体系为基，各学科教学将实现统筹统整。比如"语言素养"，它并非专属语文一家，体育课也有——可能只是通过手势和眼神，一个快球、快攻就发动了。现代社会中，人们有效交流的非文字信号能力也是"语言素养"。

对于教师而言，这是个巨大挑战。首先是观念转型——教师要从"学科教学"转向"学科教育"。学科教师要明白自己首先是教师，其次才是教某个学科的教师；首先要清楚作为"人"的"核心素养"有哪些、学科本质是什么，才会明白教学究竟要把学生带向何方。

这也是从"知识核心时代"走向"核心素养时代"的必然要求。

基于"核心素养"完善学业质量标准，还可能改变中小学评价以知识掌握为中心的局面。一个具备"核心素养"的人与单纯的"考高分"并不能画等号。它还将对学习程度作出刻画，进而解决过去基于课程标准的教学评价操作性不足的问题。

　　当然，它不仅挑战我们现有的课程设计与评价体系，同时也拷问着校长和教师的教育素养，从概念到行动，从"知识至上"转向以核心素养为导向，您准备好了吗？

原载于《人民教育》2015 年 07 期

教育自信力：担当与行动更重要

唐江澎

"中国学生发展核心素养"公布了，"新版高中课程方案"即将公布，指向"核心素养"的课程内容与学业评价标准呼之欲出。在新一轮改革启幕的时候，我们需要探讨一个重要的话题：教育自信力。

是否可以这样定义：教育自信力，属于文化自信范畴，是教育者对"立德树人"教育价值的肯定尊崇，对教育规律的坚守践行，是心灵深处对教育改革前景的一份信心、一种期待。有自信力的支撑，我们才有不惮前行的勇气，才有攻坚克难的智慧，才有久久为功的定力，才能让体现国家意志的顶层设计变成校园里生动的教育现实。

增强教育自信力，需要我们确信教育的终极价值。当下教育的主要问题，是"升学需求"僭越价值次序，凌驾于一切追求之上，成为教育唯马首是瞻的事实导向。其实质是将"科学获知"这一工具性价值凌驾于"人的全面发展"这一终极价值之上；把人当作被训练的机器，把涵养熏陶的丰富教育活动窄化、僵化为与心灵隔离的应试行为，把人的精神完整性割裂成理性知识的碎片。这样的教育不仅无法培植学生热爱学习的强烈动机，无法形成终身学习的持续动力，更会让学生在一次次急功近利的阶段目标达成中变得短视、被动、无奈和应付，失去自主发展、创新创造的活力与动力，并失去心系家国、关心人类的襟怀与抱负。

我们应当确认："教育是极其严肃的伟大事业，通过培养不断将新一代带入人类优秀文化精神之中，让他们在完整的精神中生活、工作和交往。"这种"人的灵魂的教育"才可以将"人类的精神内涵转化为当下生气勃勃的精神"，才可以实现教育的终极价值。

增强教育自信力，需要我们拥有推进变革的智慧策略。"天下大事必作于细"，我们倡导"精微变革"，就是把"口号"变成"方案"，在教育终极价值追求的宏观视野内，致力于探索合乎教育规律的变革路径，争取在课程、教学细分的具体领域内寻找到现实可行的实施步骤和方法策略。

增强教育自信力，需要我们以坚守的定力努力去实践。有教育研究者曾感慨："教育改革很多时候被视为失败，其实不然，因为它们从来就未得到实施。"对于今天的教育改革来说，比认识更重要的是决心，比方法更重要的是担当，比批评更重要的是行动。也许我们的实践没有多少超前性与引领性，但至少我们从"分的教育"向"人的教育"努力前行了一步，一步又一步，久久为功，"每个明天都会比今天更美好"！

增强教育自信力，需要我们摆脱"要素驱动"的路径依赖。教育自信力一旦被资源要素绑架，办学者就会围绕生源、师资、投入等要素，依靠抢夺优质生源、集聚优秀教师、增大经费投入等方式实现学校发展。这种模式，放置于一个国家的基础教育发展格局中，实在是弊大于利。一所超级学校的强势崛起，总伴随着一批薄弱学校的雪上加霜，尖子生被抢光、好教师被挖光、名牌大学名额被占光之后，整体教育生态会不断恶化！在发展动力上，应该依靠"专业驱动"，通过提升教师的专业生活品质来提升课程品格，改善教学品质，进而整体提升办学品位。

教育是塑造未来的事业，今天的教育预示着未来的社会样态。如果我们对明天还有坚定的信心，那就应该让今天的教育发生一些变化，哪怕这种变化不那么惊天动地，甚至微不足道，但只要心怀远方，这样的行动必然会获得历史的意义。

作者系江苏省无锡市锡山高级中学校长、《人民教育》特约评论员

原载于《人民教育》2016年24期

用理性精神直面改革

李　帆

教育是一个"不确定系统"，所以我们常说，教育改革要摸着石头过河。但教育家吕型伟却幽默风趣地提出了一个关键问题："摸着石头过河，那么，石头在哪里呢？"

随着十八届三中全会的召开，教育改革步入深水区，这个问题更加发人警醒。

改革的风起云涌中，我们一直在寻找理论的支撑。因为没有理论的行动是盲目的行动。但当诸如建构主义等理论风靡之际，是否有人思考过：用来支撑"以学生为中心"教育模式的建构主义，可能指的是整个人类而不是单个的儿童在构建知识？建构主义主导的教育模式，可能让学生充其量是一个首学者，而没有经过牢靠的系统学习。

我们努力完善各种制度，想用制度去推动教育的进步。但当校长教师交流轮岗等义务教育均衡发展制度在各地铺开时，是否有人思考过：面对学生的个性发展要求，面对学校特色发展的趋势，我们该如何正确理解和执行校长教师交流轮岗等制度？造成学校的整齐划一、削峰填谷，并不是这些制度的初衷。

我们勇于朝向未来，试图用前沿目标去指引教育的进步。一些地方开始探索教育现代化，但对于教育现代化，我们既缺乏标准，又缺少相关的理论研究。其实现代化是一个相对的概念，目前许多国家进行着"未来学校研究"，并大致形成了两个流派：一是以俄罗斯为代表，着力于学生思维能力培养、学校与社会关系重构等；一是以欧美为代表，致力于通过新技术的应用以推动学习方式的变革。我们到底该走哪一条教育现代化之路？

对这些问题，没有任何现成的、简单的、拿来可用的答案。解答它们，没有透彻的思考，就没有发言和盲目实践的权利。说到底，真正带领教育者蹚过改革湍流的"石头"，不是理论，不是制度，而是一种赋予我们思考力的宝贵的理性精神。只有在理性精神的照耀下，理论和制度才能散发出光芒。

这种理性精神，应该是一种独立思考、科学探究、让人前行的精神。毋庸讳言，当下教育的某些方面弥漫着一股追随"时髦"的力量，一部分教育者上缴了独立思考的权利，说着别人说过的话，实践着别人提出的方法，教育改革看似热火朝天，教育的内核却并没有太大的改变。教育是思想者的事业，没有了独立思考，教育的发展就是一句空话。

这种理性精神，应该是一种善于反思、勇于批判、让人沉着的精神。教育改革，本质上是教育者对自己的改革。然而，我们对自己深入骨髓的批判太少，反思总是在浅层次上"打转转"；我们习惯了闭上自己的眼睛，放弃自己的心灵，在一种惰性中说话和生活。改变它，就要让思想向自己发问，从而在时代的喧嚣里，找到让教育改革安静前行的力量。

这种理性精神，还应该是一种开放心灵、解放思想、海纳百川的精神。理性，并不意味着中庸，也不意味着保守。在这个时代里，每个人都是改革的参与者，都要放弃"看客"和"旁观者"的心态，以多元思维、创造精神去面对改革的各种新问题。如果教育改革不能突破既有的思维定式、不能打破固有的路径依赖，教育又如何能实现自身的发展和超越？

教育改革需要理性精神的滋养。这种精神决定了教育者的情怀和品格，也决定了教育改革的未来和价值。

作者系《人民教育》评论员

原载于《人民教育》2014 年 01 期

教育现代化要攻什么样的"坚"

《人民教育》编辑部

2015 年，基本实现教育现代化进入全面攻坚阶段。要攻什么样的"坚"，这是摆在我们面前的迫切问题。

总体思路是，坚持稳中求进的工作总基调，主动适应经济发展新常态，全面深化综合改革，全面推进依法治教，着力促进教育公平、提高教育质量，加快推进教育现代化。

价值观的传递是育人的根本。要在中小学阶段就给每个学生打下社会主义核心价值观的精神底子。核心价值观教育不能靠简单的说教，而要注重根植于学生的心灵。"爱国、敬业、诚信、友善"等既要上墙，更要内化于心、外显于行。要让核心价值观"活"起来，针对不同年龄段的孩子找到合适的传播、教化方式，真正走进他们的内心、大脑。

价值观教育要润物无声，必须借助文化的力量，用文化高地去涵养学生的精神高地。让学生浸泡在爱国诗词、名家经典之中，浸泡在中华优秀传统文化之中，从而对中国价值、中国精神有认同感、归属感。

公平是教育的永恒话题。一方面，政府要兜底线补短板，教育资源多向边远贫困地区、薄弱学校倾斜，逐步缩小城乡、区域、校际之间的差距。尤其要全面改善贫困地区义务教育薄弱学校的基本办学条件，办好每一所学校；要大力加强特殊教育，不让一个适龄特殊儿童掉队。另一方面，要主动顺应新型城镇化带来的挑战，加强对流动人口子女教育的研究，科学规划、均衡配置城乡教育资源。做好农村留守儿童的关爱和帮扶工作，努力让每个儿童都感到温暖。

规则是公平最好的代言人。教育不但要做大、做好蛋糕，也要切好、分好蛋糕。近年来大城市择校热得到基本遏制的一条经验，就是制定好入学的规则并努力做到规则面前人人平等。今后区域教育公平的推进，可以借鉴这一经验，涉及群众切身利益的事情，都要建立科学合理的规则，以规则公平保障结果公平，让公平看得见、摸得着。

当前，分散式、碎片化的改革已难以解决问题，教育现代化的突破口在综合改革。考试招生制度改革牵一发而动全身，省、市教育改革只有紧紧抓住这一重点，才能充分释放自身的发展活力。当然，地方不能照抄国家顶层设计，而要结合各自实际，在转化实施、落地操作上下功夫。管办评分离是综合改革的另一重头戏，其核心是让学校从依附于行政的被动发展转向自主性的主动发展。学校是教育系统最活跃的细胞。教育办得好不好，关键要看每一所学校是否有活力。

人才培养模式创新是块"硬骨头"。我们需要的是有社会责任感、创新精神和实践能力的学生，而不是只会背书考试的机器。"文明其精神，野蛮其体魄。"没有坚强的体魄，就没有旺盛的生命力。古今中外，一所好的学校，往往有两个标志：一是好的图书馆，二是先进的体育等活动场所。一个不重视体育，不重视学生动手实践的校长，是不称职的校长。美是创造的源泉。学校教育"美"不能缺席。改进美育教学，提高学生的艺术修养，就是提高整个民族的创造力。

现代化的一个重要标志，是法治。依法治教首先是依法行政，各级教育行政部门要尽早列出"权力清单"和"责任清单"，把本该属于学校、社会的权力还回去，为建立多元共治的现代学校治理结构奠定基础。为人师表者，要带头遵法守法。一位信仰法律、尊崇法治的教师、校长，将带动一批学生过上良序的生活。

原载于《人民教育》2015 年 04 期

"依法治教"是推动教育改革与发展的重要力量

劳凯声

十八届四中全会召开，建设法治中国的伟大任务呈现在我们面前。这意味着我国的社会发展进程即将进入一个新阶段。

作为社会的重要组成部分，作为为人类社会生存和发展创造各种基本条件的事业，教育工作也面临着新的任务：为了营造健康和谐的育人环境，推动教育事业可持续发展，应当将教育工作纳入法律的规范，加强教育法制建设。

近几十年的社会变迁，已使教育成为社会发展中一个不容忽视的方面。不同的人对教育有不同的利益追求，试图通过教育实现不同的目的；同时，它又是一个涉及社会公平的敏感领域，人们关注教育的平等与效率问题、教育的公益性与营利性问题、大众教育与精英教育问题、素质教育与应试教育问题，等等。这些问题概而言之，其实质就是要实现怎样的教育发展和怎样发展教育。人们在问，国家与教育应构成怎样的关系？在建立和完善现代教育体制的过程中，政府应如何发挥作用？学校应如何实施教育教学活动？如何才能真正普及教育？怎样保证教育资源和教育机会的公平分配？怎样保障公民的受教育权利？……法律与教育的关系从未这样密切，从理论到行动，法律开始成为教育改革与发展的一种不可或缺的影响力量。

根据"法治国家"的基本精神，健全的教育法治应是以一套完备的教育法律法规为核心的，包括相应的法律实践和法律文化在内的法律系统，这是一个以行政法为主体，民法相配合，辅之以必要的刑法手段，并以其他法律手段为适当保障手段的完整的法律调控机制。实现依法治教，不仅需要制定完备的法律制度，而且需要使这些法律制度为广大公民所接受、认同并遵循运用，为此要在如下方面加强法制建设：

有完善的法制保证贯彻国家对于教育的基本方针、原则，明确教育的地位和作用，规定教育的根本任务，使各级各类教育的培养目标、学制、各级各类学校的规格及其基本的管理制度规范化，为教育行政管理提供明确的依据和目标。

有完善的法制保障公民的受教育权利和全面发展的权利，使之不受任何机关、组织和他人的侵犯。在公民受教育权利受到损害时，有相应的法律措施予以救济。

有完善的法制保障学校的教学环境和教学秩序，改善办学条件，保护学校、教师和学生的合法权益。

有完善的立法制度和包括法律、行政法规、地方性法规在内的比较完备的教育法体系，保证教育工作的各个方面都有法可依，不同法律效力的法律规范协调发展，真正发挥其调节作用。

有明确的法律责任规定，做到执法必严、违法必究，有效地保护教育事业的健康发展，追究并处理违反教育法的行为。

有完善的法律监督制度，对教育法的实施情况进行有效监督，同一切违法与犯罪行为作斗争。

有与现代法治相适应的法律文化，维护教育法所体现的价值原则，革除人治时弊，力促观念和思维方式的更新与转变，使现代社会的教育观念、法律观念融入人们的行为之中，形成实施教育法的良好文化氛围。

要达到以上目标，不仅需要制定一套完备的法律，而且要在法律的遵守、适用、监督、救济、宣传以及相应法律文化的建设等方面花大力气为之奋斗。就此而言，教育法治是一项巨大的社会工程。

作者单位系首都师范大学教育学院

原载于《人民教育》2014 年 21 期

基础教育要牢牢把握好定位

《人民教育》编辑部

习近平总书记考察北京市八一学校时强调，基础教育在国民教育体系中处于基础性、先导性地位，必须把握好定位，全面贯彻落实党的教育方针，从多方面采取措施，努力把我国基础教育越办越好。这精辟地指出了基础教育在中国特色社会主义教育事业中的特殊作用、独特功能，为新形势下办好基础教育指明了方向，提供了思想保障。各级党委和政府要深刻领会这一论述，真正把教育优先发展、办好基础教育落到实处，为实现中国梦奠定坚强基石。

基础教育强，则国家兴。"建国君民，教学为先"，民族复兴的基础在教育，教育的基础在中小学。一个国家的繁荣，不取决于其国库之殷实、城堡之坚固、公共设施之华丽，而取决于其公民所受的教育如何。公民的文明素养、远见卓识和高贵品格，才是真正的力量所在。一个国家的基础教育怎么样，就基本决定了其精神风貌、文明水准乃至国家实力。基础教育决定国民的基本素养，国民的素养决定国家的实力。我们坚持把教育放在优先发展的战略位置，首先要把基础教育放在教育事业发展的优先位置。

办好基础教育，首先要把握好定位，扎实做好"基础"这一大文章。中小学是一个人打底子的阶段。底子打好了，一个人的未来才有无限发展的可能。在基础教育阶段，我们要为孩子打好身体的底子。有强健的体魄，才有旺盛的生命力；生命力旺盛，才会有无穷的创造力。不重视体育的校长是不合格的，体育应该置于学校教育的核心位置。一位好校长、好老师的教育学手册的第一页第一行应该写着：学生身体健康成长是学校教育的天职。我们同时要为孩子打好道德、精神的底子，让孩子扣好人生的第一粒扣子。中小学是一个人习惯养成、道德涵养、精神发育、心灵成长的关键时期。美国诗人惠特曼写道："有一个孩子每天向前走去，他看见最初的东西，他就变成那东西，那东西就成了他的一部分。"我们给予孩子什么样的道德、精神上"最初的东西"，长大后他就会变成什么样的人。我们还要为孩子打好知识、能力的底子。在信息时代的今天，科技日新月异，知识不断更新，基础教育要培养学生什么样的必备品格和关键能力，是时代交给我们的紧迫课题。

办好基础教育，要以素质教育为核心，鼓励学校办出特色，鼓励教师教出风格。素质教育的灵魂是以人为本、因材施教，促进每一个人全面而有个性地发展。素质教育从本质上看是一种着眼于发展、着力于打基础的教育，要为每一个学生未来的发展负责，包括思想品德素质、科学文化素质、身体心理素质、劳动技能素质、审美素质在内。可以说，素质教育是一种高层次的基础教育，是基础教育返璞归真、重新成为真正意义上的基础教育的一种表现。党的十八大以来推进的基础教育改革，强调了"基础"，尊重了学生自主选择的权利，重在培养学生的核心素养。我们要根据时代发展和社会需要，努力培养出更多更好能够满足党、国家、人民、时代需要的人才，以促进中华民族"中国梦"的早日实现。

基础教育是立德树人的事业，关系到每一个孩子的身心成长，我们不能没有虔敬之心。各级党委和政府要坚持把教育包括基础教育放在优先发展的战略位置，及时研究解决教育改革发展的重大问题和群众关心的热点问题，深化办学体制、管理体制、人才培养模式等方面的改革，让教师安心从教、热心从教、舒心从教、静心从教；广大中小学校长、教师要自觉肩负时代使命和职责，争做每个学生健康成长的关键引路人；全社会要发挥尊师重教、崇智尚学的优良传统，家庭、社会、学校之间相互信任、相互支持，全力把基础教育越办越好，共同谱写中华民族伟大复兴的美好明天。

原载于《人民教育》2016 年 18 期

用好教育综合改革这一方法论

王 烽

综合，是一种改革的方法论。习近平总书记反复强调要"增强改革的系统性、整体性、协同性"，十八届五中全会提出以"质量和效益为核心"的指导思想和创新、协调、绿色、开放、共享的发展理念，这为我们指明了深化教育综合改革的方向和要求。

提高质量和促进公平是教育综合改革的主题。当前，我国教育发展已经迈上一个新台阶，高质量、公平性、多样化成为教育发展的价值引领和施政方向。高质量的教育不仅体现在提供更多的接受优质教育的机会，更体现在日常教育教学中，体现在促进每一个孩子健康成长的作用上；公平的教育不仅表现在教育资源和教育机会配置的均衡，更重要的是为每一个孩子提供适合的教育，让弱势群体得到更多关怀和支持。要让人民群众有获得感，改革就要坚持以人为本、从细微之处着眼，围绕改善教育生态做文章。教师、学校是"获得感"的提供者，每一项改革都有不同的目标，但都要服从综合改革的大目标，即激发校长、教师的内在动力，让他们被激励而不是感到"被折腾"。

考试招生和评价制度改革是教育综合改革的突破口。如果说考试招生是一个教育体系的枢纽环节，考试招生制度改革则是教育综合改革的"开关"。高考改革设置"选考科目"，将打开高中课程改革和高中多样化的"玻璃门"；优质高中阶段学校"分配名额"和小升初"划片就近入学、对口直升"，则在很大程度上解放了小学，使小学阶段的教学改革异彩纷呈。淡化了升学考试压力，教育质量标准开始多样化，新一轮教育评价探索正在各地兴起。考试招生改革和评价制度改革并不是简单的技术手段变革，它们从最敏感、最关键的环节启动对教育管理体制、办学体制等的倒逼机制。

治理改革是教育综合改革的关键。党的十八届三中全会提出的"管办评分离"，实质上是要建立现代教育治理体系。本届政府把"简政放权、放管结合"作为"先手棋"，将从根本上解决教育行政管理体制滞后于教育发展现实的问题，打破"收收放放"的恶性循环。教育治理改革首先要"划清边界"，通过权力清单和负面清单划定政府权力边界，根据权责对应原则和公共服务职能范围划定政府责任边界，通过修订学校章程和学校法人治理改革划定学校及其内部成员的行为边界。在边界之外依托社会治理，在边界之内建立社会参与机制，最终形成多元参与、平等协商、开放灵活、法制和契约保障的教育治理体系。

部门联动是教育综合改革成功的保证。教育综合改革，就是用"综合"的方法啃"硬骨头"。"硬骨头"之所以难啃，是因为它涉及利益调整，涉及打破原有思维方式和工作模式惯性。"综合"的一个重要含义，就是有关部门联动、合力攻关。没有哪一项深层次的改革不涉及教育的行政体制、财政制度、人事制度等各方面，哪一个部门不积极，改革都难有成效。记得在一次教育改革论坛上有记者问了一个问题：教育系统的人坐在这里研究涉及其他部门的改革，有意义吗？我的回答是，教育对其他部门改革的需求，不能指望别人提出。一位教育局长则这样回答：改革需要不屈不挠的精神，也需要妥协的艺术。

当前，各地推进教育综合改革，要避免方向不明，内容不清，把综合改革当作一个筐，什么都往里装，特别是要在目标引领下，把牵一发而动全身的关键领域、关键环节找出来，实事求是地研究解决问题的办法，系统、整体、协调并形成合力，如此改革才能真正深化并取得成效。

作者系《人民教育》特约评论员

原载于《人民教育》2016年08期

把教育活力摆在更加重要的位置

石中英

教育活力问题是教育系统的一个老问题，也是 30 多年来国家和地方历次教育改革都想努力解决好的问题。目前，各级各类学校的办学活力不足现象依然存在。未来"十三五"期间各级各类教育事业发展应当把增强教育活力摆在更加重要的位置上。

教育活力与教育质量和教育公平之间存在着密切的关系。教育活力是教育质量的保障，也是高质量教育的表现形式。没有活力，就没有质量，这应当是一个普遍的教育共识。而教育公平问题表面上看是不同区域之间、城乡之间和学校之间公共教育资源配置及教育供给水平上的差距或不平等，实质上还综合反映了不同区域之间、城乡之间、学校之间教育质量上的差别。产生这种教育质量差别的原因有很多种，不同区域之间、城乡之间和学校之间在教育活力上的差别也是一种不容忽视的原因。显而易见，一个地区或一所学校，尽管在公共教育资源配置方面处于不利地位，但是却充满了活力，具有较高的质量，那么该地区的人们或该校的师生也不会发出公平性抱怨。反过来说，如果一个地区或一所学校，教育活力不足，会加倍地放大在教育基础、教育条件等方面的劣势，导致教育公平性的抱怨。因此，提升教育质量、促进教育公平、实现教育现代化，必须首先考虑解决教育活力问题。

解决教育活力问题要求人们对于活力的实质有科学的把握。活力是万事万物的特性及其与环境条件之间的适应性。这种适应性程度高，万事万物就表现出蓬勃的活力，反之就会出现活力不足的样子。这个原理应用于人身上也是一样的。人如何表现自己，不是由自己所谓先验的、内在的本性决定的，而是由人所处的社会关系的性质所决定的。如果这种社会关系与人的自由自觉的类本性相一致，那么人在自己的工作生活中就充满了活力。社会主义社会废除了种种不合理的社会制度，建立了更加自由、平等、公正和友爱的新型社会关系，总体上为各行各业劳动者活力的释放奠定了坚实的社会基础。但是，由于我们还处在社会主义的初级阶段，生产力发展水平还不高，教育上的硬件投入不足，加之人们的思想意识和观念总体上还没有全部达到社会主义社会应有的水平，客观上还存在活力不足的问题。

解决教育活力问题的根本路径在于从学生出发，从教师出发，从学校出发，认清那些压制或阻碍学生活力、教师活力和学校活力的观念的、政策的、文化的和行为的原因，精准地提出旨在克服这些影响活力的障碍性因素的政策、策略和有效办法。在这个过程中，政府的作用在于切实落实学校的办学自主权并保障学校的自主权不受侵犯。学校的作用在于正确地使用这种办学自主权，为教师的教育教学创造更加良好的环境和支持性条件，确保教师的教育教学自主权得到充分的实现。而教师教育教学自主权的使用，根本上也是为了给学生的学习发展提供更加良好的环境，确保他们能够积极主动和创造性地开展学习。如果一所学校，学生在学习和发展上有活力，教师在教育教学上有活力，那么这所学校就充满了活力。学校的师生是否有活力，是检验围绕这所学校开展的各项教育教学改革成败的一个关键指标。

作者系《人民教育》特约评论员

原载于《人民教育》2017 年 10 期

质量时代的教研转型

尹后庆

　　基础教育改革已经进入到内涵发展的新时期，其发展的核心是提高教育质量，发展的关键是深化课程改革。而教研制度和教研员队伍是推动课程改革实施、促进教师发展的重要专业力量。面对基础教育发展新的形势和任务，应该积极推动教研工作的转型。

　　针对内涵发展面临的深层次矛盾，我国在完善具有时代特征和中国特色课程体系的同时，需要从长远着手努力建设三个体系。一是以校为本的课程实施与质量保障体系，以引导学校按照基于课程标准、注重教学环节、关注学生需求、促进教师发展的原则，校本化、创造性地实施课程，并在此基础上完善学校自我评价、分析与改进的质量保障机制。这是提升质量的关键所在。二是建设质量监测体系，保证及时、科学地监测、分析、报告基础教育质量，反馈、指导和改进行政的教育决策、管理以及学校的教育教学行为。三是建立对学校课程体系、实施状况、课程评价等的研究、指导、服务体系，通过丰富教学资源、扶持改革实践、推广研究成果等多种手段，为学校和教师的研究与实践提供咨询、服务与专业支撑。这些任务对教研机构的能力建设提出了挑战。

　　我们应赋予教研机构职能定位新的内涵：探索课程与教学理论和实践的研究机构；提供课程与教学专业指导的服务机构；评价和改进基础教育质量的指导机构。在"研究、指导、服务"的基本职能定位基础上，进一步把教研机构建设成为课程发展中心、教学研究中心和资源建设中心。随着大数据时代的来临，各种测量统计技术的发展，在承担深化课程改革的重任中，还应该成为"数据研究中心"，从而保证"课程建设—课程实施—课程评价"的一致性，在此基础上不断改进和完善课程建设与教学实施。

教研工作要紧紧围绕"培养什么样的人"和"如何培养人"这两个根本问题，按照时代的要求和育人的规律，找准当前基础教育改革和发展中的重点难点问题，要加强调查研究，提出发展思路和应对策略，成为教育行政部门课程与教学工作的重要助手和参谋；要勇于实践，敢于突破，率先将课程与教学改革的各项要求落到实处，不断创造新的经验和成果；要潜心研究、精心指导基层学校和教师的课程与教学业务，大力促进校长课程领导力、教师课程执行力与创造力的不断提升。

要实现教研工作模式的重心下移。教研重心必须下移到关注课程的实施层面：教学空间上，要关注基层学校和课堂的教学有效性，要对所存在的问题进行诊断、研究和指导；教学要素上，要把重心从关注教师的"教"下移到关注学生的"学"，包括从教师到学生、从教法到学法、从教材到学材等；教学环节上，要从教材教法等上游环节下移到有效作业和有效评价等下游环节。

顺应课程改革的发展趋势和破解基础教育内涵发展的难题，都需要教研工作的重点转向研究人，即对教育过程中的教师和学生（特别是学生）的研究。因此教研员要学会引导教师提高关注学生的能力，掌握关注学生的方法，优化关注学生的过程，提高关注学生的效果，促进师生的共同成长。广大教研员要从原来的统一组织教学进度转移到基于课程观视野下的教学研究与服务工作；要从组织考试、教学评比、学科竞赛等，转移到基于课程标准的评价研究、分析、指导与反馈工作；要从自上而下的指令性工作方式，转向引领教师的专业发展与教育文化的再造。

作者系《人民教育》特约评论员

原载于《人民教育》2016 年 20 期

坚持走内涵式综合改革之路

《人民教育》编辑部

2015 年，"十二五"收官之年，考试招生制度改革逐渐落地之年，基本实现教育现代化开始全面攻坚之年。基础教育该以什么样的方式前行？

应该树立新的改革观，走"内涵式综合改革"之路。具体来说，就是以质量提升为核心，以综合改革为抓手，实现基础教育高水平发展。

基础教育难点比较多，但综合起来考虑无非两点：一个是公平，一个是质量。多年来，各级政府和教育行政部门一直积极推进教育公平。目前，有学上已经解决，大城市"择校热"基本被遏制，随迁子女、留守儿童、残疾儿童等都享有了接受教育的平等机会……"温饱型"的教育公平已不是问题。

现在最大的问题是提高质量，实现有质量的公平。质量和公平有时候是联系在一起的。比如择校，说到底是择校长、教师，就是择质量。质量没有抓好，会衍生出一系列问题。

以质量提升为核心，就要聚焦内涵发展。从全国来看，内涵发展的重要抓手是标准化建设。学校办学要有标准。图书馆、操场、食堂等学校必备设施都要标准化，这是基础。此外，教师、校长以及课程、教材也要有标准。内涵发展首先要达"标"。达了"标"，内涵发展才能硬气起来。

"标准"的高低、好坏直接影响教育的质量。有一个好的教师、校长"标准"，就有利于产生一大批好的教师、校长；有一个好的学校"标准"，就可能催生千万所好的学校。什么是好的"标准"？要回归到"人"。工业"标准"是出产品，办学"标准"是要服务人的成长。有利于学生成长的"标准"就是好的，否则就是差的、坏的。

比如"全面改薄"提出的标准：每个教室要有适合眼睛保健的采光，学校要有能满足学生运动需要的运动场地，新增图书为适合学生年龄特点的正版图书，要有足够的厕位，并按1∶3设置男女蹲位……这样的"标准"，眼里就有学生。内涵发展需要的就是这种以人为本的标准。

课程教学是内涵发展的重要载体。当前，课程教学改革已不仅仅是学校教育的微观问题，而且上升为国家教育改革的核心环节。课标、教材的修订，教学模式的改革，越来越牵动着家长、社会的神经。未来区域教育关注的核心，应逐步转移到课程教学改革上来。这虽然很难，但却是大势所趋。

树立新的改革观、聚焦内涵发展，关键在落实。2014年，基础教育的一些重大改革顶层设计基本完成，今后重在转化实施、落地操作。考试招生制度改革各地要结合实际出台实施方案，重点大城市遏制"择校热"要巩固成果、防止反弹，顺应新型城镇化和户籍制度改革新形势逐步化解县镇大班额问题……"一分部署，九分落实。"国家宏观改革如此，区域、学校中观、微观改革亦如此。

改革需要自上而下，也需要自下而上。尤其是教育质量的提升，各地情况千差万别，没有哪种模式放之四海而皆准。激发、唤醒区域、学校的改革活力十分迫切。教育行政干部坐在办公大楼里，想不出比基层同志更高明的主意。要善于发现、甄别、总结和推广基层新经验、新创造。

"干一年想三年。"教育改革不能翻烧饼，而应是"接力棒"式的长跑。制订今年的工作规划，至少得想想上一年干了什么，下一年接着怎么干。"十年树木，百年树人。"教育改革的成效，是一茬接一茬干出来的。每一项具体的改革，都是整体改革的一环，需要放到整个链条里面去观照、思考，让上下左右互相协调而不是互相抵消，互相促进而不是互相阻碍。

原载于《人民教育》2015年05期

集团化办学的可持续发展

《人民教育》编辑部

当前，基础教育领域内集团化办学正呈现快速发展的势头。它在一定程度上促进了优质教育资源的扩大和共享，有利于薄弱学校教育水平的提升。在义务教育就近入学政策前提下，集团化办学还可以使集团内的招生范围相对稳定，一定程度上缓解了"择校热"。而且，通过加强集团内校际沟通和协作，有利于促进学校的优势互补，实现相互激励、相互促进，提升整体教育质量。

值得注意的是，集团化办学绝不是将弱校冠以"名校分校"就"大功告成"，"龙头学校"应该切实发挥引领作用，承担起更多的组织协调工作，并形成相对稳定的合作领域和工作程序，从而使集团活动制度化、治理良性化，方可取得集团内各学校整体优化的实效，集团化办学才不至于流于形式。

在这个过程中，集团化办学一定要处理好共性与个性的关系。目前各地集团化办学有多种合作模式，但是根本的还是要发挥集团的资源统筹和共享作用，首先完成"托底"任务。因此，集团化办学的合作领域应当突出重点，把促进各校教师专业发展、课程等教育资源共享和开展教学研究作为主要任务。有的紧密合作型集团还在倡导建立集团共享的文化理念、价值观、制度，这些都是各地根据具体的实际情况所作的有益探索。

从长远看，集团化办学需要充分考虑"集团"的可持续发展。集团既不是硬加在学校上方的一道"管理层级"，也不是可有可无的形式存在。这就需要各教育集团处理好共性与个性的关系，即如何能够实现从一般教育资源共享，到新的集团文化生态构建，在尊重各学校发展历史和实际条件的基础上，充分发挥每所学校的积极性、主动性，释放每所学校、每位师生的活力，真正实现所有学校的可持续发展，促进教育质量的整体提升。共性与个性的关系处理不好，集团就有可能成为学校发展新的体制机制障碍。这也是对各教育集团治理理念与能力的考验。

原载于《人民教育》2017 年 11 期

促进公平、科学选才是时代的重大课题

《人民教育》编辑部

9 月 3 日，国务院正式印发《关于深化考试招生制度改革的实施意见》，标志着新一轮考试招生制度改革全面启动。

此前，党中央、国务院多次召开会议进行研究，8 月 29 日习近平总书记主持召开中共中央政治局会议审议，充分表明这次考试招生制度改革的重大和重要。

为什么要进行改革？

《意见》明确了三个出发点：促进学生健康发展、科学选拔各类人才和维护社会公平。

作为国家基本教育制度，考试招生制度无论是对经济社会发展，还是对学生成长、社会稳定以及国家竞争力提升都具有举足轻重的影响。

也正因为如此，无论怎么改革，都不能放弃最重要的两个价值追求。

首先是公平性。尽管经济快速发展，教育规模迅速扩大，各种教育机会增加，但人们对公平的诉求并未缩减，反而日渐升温。关注点从简单的数量公平转向更有质量的深层次公平。择校热、高考热其实质都是对优质教育资源的竞争，这比仅仅"有学上"的要求大大高出一个层次。而对不同地区、不同家庭背景学生录取比例、自主招生等问题的关注，则是涉及标准、程序以及结果的机会公平问题。希望增加选择性，特别是基于个人兴趣特长的选择考试、学校的自主权，反映了选择权利的公平诉求。改善民生和促进社会公平正义是十八大的郑重承诺，故而，这次改革明确提出，要把促进公平公正作为改革的基本价值取向，并从招生名额分配、选拔录取、监督管理等多方面出台新举措，以保障考试招生机会公平、程序公开、结果公正。

其次是科学性。与公平性问题不同，科学性问题往往是隐性的。如"唯分数取人"，形式上看很"公平"，实际上经过多年的演变和异化，已经对教育和学生的成长造成了伤害，甚至导致恶性竞争，其科学性不足也导致了人们对公平性的质疑。在这个问题上，中央心明眼亮，把科学选才作为考试招生制度改革特别是高考改革努力的方向。选才的标准进行了前所未有的拓展，"两依据一参考"使综合评价作为招生依据成为可能。人才的兴趣愿望得到深度关怀，学生可以在6门学业水平考试科目中选择3门作为高考科目；创造条件逐步取消录取批次，学生选择高校的人为门槛被拆除；推行平行志愿，学生志向满足率大大提升。而人才成长立交桥的搭建，则是对人才发展规律的敬畏与尊重，从另一个角度呼应了科学选才。

公平和科学是考试招生制度改革的两条博弈线。多年来改革的争议点也多在这两条线上徘徊。事实上，对于考试招生制度改革而言，公平性与科学性就像飞鸟的双翼，互相支撑、缺一不可。只有保证并提升公平，改革才有可能持续深化，才有可能办好让人民满意的教育。反之，只有做到科学选才，才能引导学生健康发展，引导社会良性竞争。不顾国情民意片面追求科学性，就会暗藏公平风险；为了公平性而忽视科学性，改革将不会给人民群众带来真正的实惠。

此次改革，正在于从顶层设计的角度系统把握这两大时代课题，做到公平性与科学性的高度统一。

一个好的制度，特别是涉及高利害的选拔制度，总是需要与一个国家的国情相适应，与其文化传统相吻合。未来的落实过程任重道远。我们期待多一份智慧，也多一份宽容。

原载于《人民教育》2014年18期

考试招生改革能否落地，需要大智慧

《人民教育》评论员

9月4日，《关于深化考试招生制度改革的实施意见》（以下简称《实施意见》）正式颁布，迈出了考试招生制度改革的第一步。其重大意义，在于对"培养什么人""如何选择人"作出了响亮的回答。

作为国家层面的顶层设计，考试招生制度面临着多方利益的博弈，需要精准的尺度拿捏。个体与国家，多元与统一，公平与科学，进退取舍之间，无不体现这一改革的广泛性、深刻性和复杂性。

下一步，最重要的是让改革落到实处。《实施意见》中一些措施是比较容易落地的，如取消艺术、体育特长加分；但更多的却是难解之题，难就难在它们常常涉及多个方面、多个部门；难就难在作为一种社会科学问题，可能同时存在多种正确答案。只有解决好这些难题，我们才能把上位的价值追求转化成切实的行动实践。

"公平"问题是重中之重。然而，公平也是分层次的。加强考试招生全程监督，呼唤的是规则公平；提高中西部地区和人口大省高考录取率，彰显的是机会公平。这些公平，都是基于公民平等身份的公平要求。但于教育而言，我们面对的是极具差异性的个体，让"每个人都能受到适当的教育"，让每个人都能"各得其所"，才是教育学意义的最高公平。

正因为此，《实施意见》体现出的不唯分取才、因才招生、多元录取，弥足珍贵。实现它，需要我们进行科学的制度设计，为学生提供选择的权利和机会。学业水平考试承载了这一重任，挟裹了诸多学子的个性要求。随之而来，课程形态的多样化、课程内容的分层化以及走班制、分类育人等管理方式的创新，必将成为基础教育不可回避的问题。"没有兴趣就没有真正的学习，没有选择就没有真正的个性发展"，教育的理想与理想的教育，从未像今天这样靠近，也从未像今天这样迫切地期待实现。

高考考试内容改革值得我们更多的关注。近年来，高考试题屡遭诟病。尤其是语文，每年高考结束，对它的批评几乎成为一种例行的"狂欢"。人们拿出法国、美国等国的高考语文题，对其偏重于测量学生的批判思维、辩证思维大加赞叹。这不能不引发我们的思考：分数不能代表一个人的全部，但分数仍然是各国选拔人才时必备的测量工具，能否用好它，关键要看分数背后的意义，要看分数到底测量出了人的哪些素质或能力。

如果面对试卷，基础教育文科基本靠"背"、理科基本靠"练"的现象不改变的话，那么通过文理不分科提高学生素养、通过高考减法为学生减轻负担就失去了意义。

在高考考试内容的改革中，有一个问题需要引起特别注意。2014 年，教育部明确提出，要研制各学段学生发展核心素养体系，明确学生应具备的适应终身发展和社会发展需要的必备品格和关键能力。高考考试必须加强与基础教育的关联性，必须弄明白有哪些核心素养可以通过试卷测试出来，如何测试，这将是一个高考与基础教育之间不断碰撞、不断探索和重建的过程。

新课程改革以来，人们对"考什么教什么"多有批判。但不可否认，两者间的理性逻辑不可割断。在解读《实施意见》的大潮中，考试内容因其微观而多被忽略。然而，整体的胜负手往往就在这些细微处。作为教育者，我们不可不慎待之，谨思之，深研之。

综合素质评价是此次改革的一个亮点，也是一个极度复杂的小系统。尽管这次改革没有采纳部分专家意见，将招生自主权完全放给高校，但一定程度上实现了"有限赋权"，如赋予高校对综合素质评价的自主使用权。它的成败系于两端，一端是高中学校对其信度的保障，一端是高校如何运用评价结果。这是对高校最大的挑战。前不久，中国学生因吃遍所有品牌的方便面而被海外名校录取一事引发国人惊讶，殊不知，海外名校从中看到的却是学生"对事物表现出的持续兴趣和毅力"。如今，中国高校不仅普遍缺乏招生的专业人才和理念，也缺乏相关的制度设计。从这个意义上说，对高校的"有限赋权"不失为一种科学的考量。

制度的出台，并不意味着教育改革从此一帆风顺。对于如何选拔人才，各国都有自己的答案，要走出一条中国特色的人才选拔之路来，需要每个人的智慧。集腋成裘，才能以大智慧应对这个时代的大命题。

原载于《人民教育》2014 年 19 期

学校的使命

现代化与学校使命

《人民教育》编辑部

为什么2015年伊始，关注现代化与学校的使命？

按照规划，2020年要基本实现教育现代化。从现在起，满打满算也就5年。学校必须找准"现代化"的支点，才能撬动教育整体的现代化。

学校现代化，在地域辽阔的中国是一个复杂的问题。在一些发达地区，20年前就基本实现了现代化。而在某些地方，前两年才完成"两基"。有的学校，面临硬件现代化达标后该往哪里去的困惑；有的学校，尽管高楼林立，却比任何时候都更封闭……

但历史前进的脚步不会停下。近年来，许多有识之士呼吁，要把现代化的核心转移到"人"身上来。

2014年出台的考试招生制度改革举措，就是对"人的现代化"的深度回应。作为一个社会最基本最关键的人才培养和选拔制度，在培养具有选择、自主能力和兴趣专长的人这一点上一锤定音，这是教育界"人的现代化"新的开始。

学校应该如何回应"人的现代化"这个命题？找到方向至为关键。对日益被社会"包围"的学校，敏锐发现社会现代化对教育的新需求，将越来越重要。

比如在发达地区，硬件现代化是否还有空间？过去设计课桌椅，代表的是物化标准、共性的"抽象标准"，那么在"人"的个性化的标准下呢？一年级与六年级的课桌椅可以不一样吗？不同学科的教室设计是否应该有所不同？评价教师，是否能以教师对儿童的理解程度、学生对教师的喜爱程度为重要衡量要素？隐藏在标准与制度中的理念，是"人的现代化"教育最好的教科书。

现代化进程对学校提出的最大挑战是"开放"。当市场经济打开了价值观的大门，信息技术潮打开了知识的大门，人均 GDP 达 7000 美元打开了家长高教育需求的大门，学校该如何定位自身的角色？慕课、翻转课堂、云学校持续火爆，"家庭学校"此起彼伏，这不禁让人追问：现代学校存在的价值到底何在？不可替代的只有人与人的精神交往与心灵对话。"未来孩子去学校上学，是去寻找存在感"。教育是情境的产物，以思维方式与价值共识为旨归。只要社会需要有共同的价值体系和规则来维系，学校就有存在之必要。

今天的中国，有两类学校：一类主动打开思想和观念的大门，让学生在真实社会生活中进行社会化，在价值观碰撞中凝聚价值共识；一类选择竖立起高墙，让学生在远离社会、远离信息世界的环境中长大。

惧怕、逃避开放绝不是方向。思考用什么来深化学校对现代人的深刻影响，才是解决问题的办法。

传统文化一再登上学校教育的"头条"。但说实话，很多人并不真正理解为什么我们需要传统文化。越来越多的人在现代社会日益放大的不确定性中失去方向。一些人在迷茫无助中回到孔子、老子、庄子，回到人与人、人与自然、人与社会的终极问题阐释中，由此找回心灵的安宁。有社会学家称，学校的最大价值，也许是在纷繁复杂的不确定世界中帮人找到确定性存在。这个确定性，某种程度上就是传统文化中蕴藏着的中华民族的心理结构与共识。

在"知识服务于工业生产"主导下的学校，智力发展一直处于主要地位。但现代人的发展秩序很有可能发生变化。未来的学校，冷硬的纯知识课程或许不那么重要，艺术课、哲学课、心理课、思维创意课却可能变成主课。

城镇化正在把过去的熟人社会变成陌生人社会。公共意识与规则意识越来越重要。学校面临着内部治理体系的重构和校园生活的重建。因为一个人只有在规范中才能学会规范，在秩序冲突中才能学会敬重规则。

实际上，现代化给学校提出的命题非常广泛。不同地区的学校，面临的问题可能大相径庭。但学校现代化的两条铁律，一与经济社会发展相适应，二与人的发展规律和需要相适应，是永远不会变的。

原载于《人民教育》2015 年 02 期

"树人"需要什么样的道德

冯建军

  人不是抽象的。立德树人，不是树一个抽象的人。人具有社会性和时代性，是自己所在、所生活时代的人。因此我们谈"立德树人"，尚需要进一步追问"树什么人，立什么德"。

  我们处在一个全球化的时代，处在一个深度变革的时代，处在一个呼唤"以人为本"的时代。这个时代的中国人，是大写的人，更是公民；是公民，更是中国公民；是中国公民，也是全球公民。这个时代的中国人当立生命之德、公民之德、中国公民之德、全球公民之德。这是时代赋予中国人的新道德，也是道德教育的新使命。

  立生命之德。生命是人存在的根基。树人的教育，当使人珍惜生命、尊重生命、爱护生命、享受生命。中国传统文化缺少对生命的尊重，致使陶行知当年大声疾呼："中国要到什么时候才能翻身？要等到人命贵于财富，人命贵于机器，人命贵于安乐，人命贵于名誉，人命贵于权位，人命贵于一切。只有等到那时，中国才站得起来！"今日，在校园里，在整个中国社会，尊重生命仍然是迫切需要的树人之德。

  立公民之德。生命之德，使人活着。但活着不是苟且偷生，而是活得有人格、有尊严，是社会的主人，是顶天立地的公民。传统中国有奴才的教育，有臣民的教育，有国民的教育，却唯独缺少公民的教育。所以，人民"既无自治之力，亦无独立之心"（梁启超）。改革开放后，市场经济的建立和政治民主化的推进，为公民提供了合适的生长土壤。公民有主体人格，它是公民作为主体所具有的自主、自立、自强意识，是人的自主性、能动性和创造性的表现。公民的主体人格保证公民成为"我自己"，但公民的本质还要体现在"公"上。"公"即公共性。公民必须具有公共性，即参与公共事务，具有对公共事物的关怀。缺少公共性，公民则沦为私民。如何培养公民的主体人格与公共性，将是学校教育面临的一个新课题。

立中国公民之德。任何一个公民都是特定国家的公民，具有一国国籍，以国家成员的身份参与社会活动、享受权利和承担义务。作为中国公民，不仅要遵守国家法律，维护国家利益，忠诚和热爱自己的国家，还应该具有中国传统美德。"爱国、敬业、诚信、友善"是社会主义核心价值观对公民道德的基本要求。其中既有对公民的人格要求，也有对公民职业道德的要求，需要我们巧妙地将它们融入教育教学之中。

立全球公民之德。每个公民都生活在两个共同体中，一个是自己出生的国家，一个是人类共同的地球。前者与个体建立的是一种偶然关系，后者则是一种必然关系。公民可以选择自己的国籍，但无法选择生存的星球。公民需要认同自己的国家，更需要认同共同生活的地球。全球化时代，超越地域和压缩空间的全球联系以及日益突出的全球问题，更需要公民超越狭隘的国家利益，立足于全球和人类的共同发展，强调人权与人道主义、全球意识与责任、环境与可持续发展、国际理解、多元文化的尊重与宽容等全球公民之德。

"树人"之德的教育，不能只依靠学校，但学校起着不能推卸的主导作用。学校的道德教育，要依靠品德课、政治课等，但不能只依靠这些课程，要广泛发挥每一门课程对道德教育的渗透作用。学校里不只是品德、政治教师是进行道德教育的教师，每一位教师都应该成为道德教育的教师。学校里不只是在课程中、在课堂上进行道德教育，日常生活的时时处处都可以是道德教育的课程、道德教育的课堂。

作者系南京师范大学道德教育研究所教授、《人民教育》特约评论员
原载于《人民教育》2014 年 06 期

小学的价值

谢维和

在我从事小学研究的这些年里，时常有人问我：你是一个著名大学的校长，何以要研究小学教育？它究竟有什么特别的价值？起初，我常常无言以对。因为实事求是地说，我对小学的研究，只是过去对高中研究的一种专业性延伸，而并非小学价值的引领。然而，命运之神克罗托似乎为我作出了"安排"。

首先是中国宝贵的优秀传统文化让我感受到了小学的魅力。当人们还在佩服西方学者分析人们几十年前接受小学教育时老师的操行评语与他们今天的性格特征之间的联系，进而得出小学教育的重要性时，我发现中国的老百姓早已概括了"三岁看大，七岁看老"的俗语。

其次，叶圣陶先生的精彩人生也使我对小学教育感到了一种神奇。因为在我的印象中，叶圣陶先生关于教育的诸多精辟和深刻的见解，在个人教育阅历方面的归因上，我们只是看到了他早年直接从事小学教师的教育实践。

当然，维果茨基的弟子赞可夫先生在其专著《论小学教学》中的研究也给我提供了路径。他关于小学教育"入门性"的论述，以及通过"直接的完整性"这个观点，对小学教学的特点及其与中学教学的不同进行的分析，的确给我极大的启发。而我也只是在他这个观点的启发下，提炼了关于小学教学的"顶灯"理论，进而真正深切地认识到小学教育的价值。

当代的丹麦学者克努兹·伊列雷斯在《我们如何学习》一书中关于小学教育的研究与观点，特别是他对于儿童期学习的总体特征的描述，以及从学习的角度将儿童期定义为一个通过"延长了的构建过程的宽广频谱","整合并与复杂的物质、人际和社会环境整体进行关联"的儿童与外部世界建立起广泛联系的生命阶段,则给予了我直接的学术支持和帮助。因为他的论述和研究框架实际上已经非常清晰地揭示了小学教育的深远价值。

回想我自己的求学生涯,小学教育也扮演着非常特别的角色。在上大学之前,我真正接受过的六年正规学校教育中,只有在江西师范学院附小的五年教育是比较系统和规范的,也是印象最深的。我至今仍然记得当时教我数学的梁平老师、教我语文的龙铃辉老师,还有一位我比较害怕的江老师。可以说,后来的学习习惯和发展基础,基本上是小学教育奠定的。我不敢想象,如果没有当年的小学教育,我的人生会怎样。

在我与小学的缘分中,最直接和切近的还要算清华大学附属小学。她怀揣着"为聪慧与高尚的人生奠基"的办学使命,孜孜不倦地探索着小学的教育规律,思考着小学主题教学的模式,揭示出小学生发展的五大核心素养,并将这些核心素养作为小学生发展的"底子",进而构建了基于学生核心素养发展的"1+X课程"。正如清华附小窦桂梅校长所说的那样:"今天我们给孩子们什么样的底子,决定着孩子们未来有什么样的世界。"这里,我似乎看到了"三岁看大,七岁看老"的内涵,叶圣陶先生教育人生的基础,以及赞可夫关于小学教育"入门性"理论和克努兹"关联"概念的拓展。我蓦然想到,清华附小不就是这样一盏"顶灯"吗!她通过核心素养的"打底"、"1+X课程"的整合和直接完整性的教学,照亮了孩子人生发展的道路和未来的远景。而这也正是对小学价值最生动的说明。

尽管我关于小学教育的研究尚未结束,许多新鲜的经验和理论仍然在启发着我,但我对小学教育的价值已有一个比较自信的认识,即:一个人的教育和成长过程中的优点和缺点,一个国家和社会教育发展中的特色与风格,都能够在这个人或国家的小学教育中找到它们的胚胎和萌芽。

作者系《人民教育》特约评论员

原载于《人民教育》2015年13期

高品质学校的 N 个习惯

李希贵

如果把学校视作一个人，那么我们希望一个完整的人所拥有的品质学校也应该具备；而长年积淀而成的品质应该从每一个最细小习惯的养成开始。这里我梳理了高品质学校应该养成的 N 个习惯，不作定论，而是期待提供一种思维方式。

1.高品质学校在为了学校还是为了学生的选择上，会不假思索地选择学生利益，他们不以集体利益的名义伤害任何一名学生。

2.高品质学校喜欢发现不一样的孩子和孩子身上不一样的东西，他们习惯于为不一样的孩子提供不一样的帮助。

3.高品质学校大都"睁一只眼闭一只眼"。对孩子们那些偶然的暂时的错失，他们习惯于闭上眼睛，给孩子一段自我反思的时间，而这时他们往往用另一只眼睛去发现孩子的优点。

4.高品质学校有一颗柔软的心，同情弱者，帮助弱者，他们习惯于托起弱者飞翔的翅膀。

5.高品质学校善于把校内外的所有资源都变成学校的课程，只要学生需要，他们甚至"低三下四"求人帮忙。

6.高品质学校特别在意对所有人的尊重，尤其是对有问题或者有过失的学生，他们仍能习惯性地表现出足够的发自内心的尊重。

7.高品质学校心态阳光，几乎所有的事情都喜欢放到桌面上解决，他们认为公开才能带来公平、公正。

8. 高品质学校特别坦诚，他们习惯说"精诚所至，金石为开"，尽管有时候不合时宜，却往往经得起时间的考验。

9. 高品质学校见贤思齐，他们不问英雄出处，在各个领域寻找制高点，他们喜欢不断嫁接别人的长处。

10. 高品质学校说话轻声慢语，对那些摔跟头的孩子，他们习惯说，"不要紧"；而对那些因为错误而懊恼的孩子，他们习惯说，"没什么"。

11. 高品质学校常常习惯于戴两副眼镜：一副放大镜，他们试图去发现并放大孩子们的优势和潜能；另一副则是望远镜，他们习惯于预测孩子的未来，用望远镜既可以帮助孩子看见明天自己的道路，又可以让学校以未来的发展着眼于今天的培养。

12. 高品质的学校朋友多，他们习惯于请人帮忙，但乐善好施更是他们的天性。

13. 高品质学校特别谦卑，他们认为，谦虚不是看低自己，而是完全忘掉自己。

14. 高品质学校习惯于把更多的钱花在孩子们身上。

15. 高品质学校喜欢散步，他们习惯于放松状态下的紧张思考，对别人的三级跳甚至跨栏冲刺熟视无睹，他们习惯于常态下的简单生活。

16. 高品质学校看上去有许多"管理的漏洞"，常常让那些"不守规矩"的学生"钻空子"。当"钻空子"的学生多了时，他们常常会反思改进，让有些"钻空子"的行为合法化。

17. 高品质学校习惯于伸出大拇指，所有的学生都得到过大拇指的激励。

18. 高品质学校喜欢自由，于是他们同样喜欢把自由的空间留给学生。

19. 高品质学校性格平稳，却喜欢那些足够"折腾"的学生，他们对学生身上迸发出的创造火花欣喜若狂。

20. 高品质学校常常说"有事好商量"，他们鼓励对方把话说完，他们特别愿意动用耳朵，倾听是他们的共同习惯。

21. 高品质学校求贤若渴，他们对人才表露出的眼光让人们无法抵挡。

22.高品质学校知错即改，勇于道歉，尤其是敢于向学生道歉，因为他们知道，唯有如此，才能熏陶出同样的学生。

23.高品质学校常常"惯"着学生，在他们眼里，学生个个都是宝贝儿。

24.高品质学校坚守但不执拗，他们始终不忘自己的理想追求，但他们也特别注意"寻找中间地带"，顺应变化的时代。

25.高品质的学校习惯于择高处立、寻平处坐、向宽处行，他们务实、求稳，但内心却向往教育的理想，一切为了民族的未来。

26.高品质学校追求卓越，但不追求完美，他们挂在嘴上的是，"办一所不完美的学校，培养一批有缺点的学生"。

作者系北京十一学校校长、《人民教育》特约评论员

原载于《人民教育》2015 年 14 期

恢复"文武双全"的中国教育传统

刘良华

中国教育向来有强调"文武双全"或"智勇兼备""亦文亦武"的传统。然而在当下，身体的教育不仅不受重视，反而被视为影响知识学习的一个捣乱因素。现代教育普遍重视知识学习，考试制度更是加速了对知识学习的重视。把教育简单地等同于知识教育，不仅制造了一批又一批高分低能的人，而且让越来越多的孩子成为"有病的文明人"或"文明的病人"。

让学生学习文化并成为文明人，这的确是教育的重要目标。教育的主要任务是掌握基础知识和基本技能，让人有一技之长，从而能自食其力、独立生活。教育的另一个重要任务，则是让人学会用文明的方式而不是暴力的方式化解冲突。

但现代人在借助教育成为"文明人"的过程中，也付出了"代价"：如果简单地将教育理解为文明教育，那简单化的文明教育不仅会导致个人精神的软弱和残疾，而且会导致身体的衰败，最终让国民成为手无缚鸡之力的"病夫"或"文弱的书生"。历史上，绝大多数"文明古国"发展到一定程度后，就会被周边的野蛮民族（或国家）征服或消灭。古希腊是充分文明的城邦，后来被"野蛮"的罗马人征服。整个世界既是文明征服野蛮的过程，也是野蛮征服文明的过程。文明之所以被野蛮征服，原因就在于，文明使人学会了用语言商谈的方式化解冲突，也因为不再使用暴力而放松甚至放弃了对体力和意志力的磨炼。

所以，知识教育是重要的，但它并不是教育的全部。与知识教育同样重要的，是体力的训练和精神的锤炼，尤其是意志力的磨炼。为此，中国教育改革的一个重要方向就是重视"身体教育"，恢复"文武双全"的中国传统。

"文武双全"的教育，意味着学校要不打折扣地完成课程标准所规定的"体育与健康"的课程任务，并不因任何原因而随意压缩或删减这类课程的时间。

"文武双全"的教育，意味着每天要让学生有足够的运动时间，让文化课与体育课成为学校教育中并驾齐驱的两类重要课程。两类课程虽然不必在时间上平均分配，但至少应该让学生每天有一个小时以上的锻炼时间。"每天锻炼一小时，幸福生活工作一辈子。"

"文武双全"的教育，意味着应该让运动成为一种社会风尚，让学校成为体育运动的中心，由学校体育运动带动社区和家庭的体育运动，由学校运动推动全民运动。加强学校和社区运动场的综合利用。学校运动场所在节假日向社区开放，同时，学校也应综合利用和开发社区体育运动的课程资源，保持学校运动场所与社区运动场所的相互开放和相互支持。要让全社会都把体育运动作为生活的时尚。为了推动孩子的身体锻炼，老师和家长需要亲自带领孩子一起运动，尤其是户外运动。

"文武双全"的教育，意味着运动会要成为生活的重要主题。应该恢复各种运动会和各种体育比赛，让健康的形象、运动技能和运动精神成为全民欣赏、赞赏和追逐的主题，让运动健将成为学校的骄傲和民族的英雄。每所学校每年至少要有一次大型运动会。各个社区也应每年举办盛大的"校际运动会"，让学校之间开展运动技能和运动精神的竞争与合作。

"文武双全"的教育，意味着每个学生至少有一项以上的运动特长，让运动特长成为学生的幸福生活之源，让体育运动成为中华民族伟大复兴的一个关键要素；让每个人因为拥有自己的兴趣和特长而建立起强大的自我和自信；让每个人因为共同的兴趣和爱好而展开共同体生活，建立公共生活的规则和习惯。

作者单位系华东师范大学课程与教学研究所

原载于《人民教育》2014 年 12 期

公办中小学不能成为平庸教育的代名词

张志勇

按照《义务教育法》，我国义务教育阶段学生入学采取划片就近入学的办法。这就有了所谓"公办不择校，择校找民校"的说法。人们给出的理由是：公办学校只提供最基本的公共教育服务，而多样性、个性化教育则由民办学校提供。似乎公办教育就是平均教育、平庸教育的代名词。这是一种误解。义务教育均衡发展，不是平均发展，更不是平庸发展。义务教育同样可以而且必须办出水平、办出特色。这是义务教育均衡发展的题中应有之义。这里，关键是要激发出公办学校的办学活力。

首先，要依法保障公办中小学办学自主权。当前，公办中小学普遍存在政府管得过多、过死，管了许多不该管、管不了、管不好的事情。在剥夺中小学办学自主权的同时，也挫伤了广大中小学校长的办学积极性和创造性。办好公办中小学，必须依法保障、充分尊重中小学校长的办学自主权，必须依法落实中小学校长负责制，赋予校长在副校长提名、中层干部聘任、教师聘任等方面的用人权。扩大学校在教师职称评聘、评先树优等方面的评价权，在绩效工资、优秀教师激励等方面的分配权，在内部机构设置、课程开发、教育质量评价等方面的管理权。

其次，要加快建立中小学现代学校制度。现代学校制度建设的核心是通过学校与政府、教师、学生、家长、社区之间合作治理机制的重建，调动学校教育利益相关方参与学校教育的积极性，释放其创造活力。规范政府与学校的关系，坚持依法治教，明确政府与学校之间的义务和权力边界；规范学校与教师的关系，发挥教职工代表大会的作用，尊重教师的主人翁地位，激发教师活力；规范学校与学生的关系，让学生参与学校民主管理；规范学校与家长的关系，让家长在家长委员会的组织下有序参与学校教育；规范学校与社区的关系，让社区与学校之间形成发展共同体。

第三，要推进公办中小学办学体制改革，实施公办学校管理权、举办权、评价权分离。政府及其教育行政部门作为公办中小学出资人代表行使对公办学校的管理权；委托具有办学资质的社会组织、专业机构按照合约承办公办中小学；同时，委托具有学校教育绩效考核评价资质的社会组织、专业机构，按照政府与公办中小学承办方约定的办学方案对学校进行绩效考核。这一体制，政府及其教育行政部门与有资质的社会组织或专业机构作为"管、办、评"三方，围绕举办高质量的人民群众满意的公办中小学形成三方合约关系，有助于发挥各自的"专业"优势。

第四，要建立各类办学主体平等竞争的公共教育政策环境。学校教育资源配置的体制与学校教育的活力息息相关。在学校教育资源配置方面，政府的重要职责就是创造各类办学主体公平竞争的制度环境，不能有"亲儿子、干儿子、晚儿子"之别。目前，存在两个方面的公共教育政策偏差：一是少数公办中小学打着改革的旗号，在拨款、招生、教师招聘等方面享有其他公办中小学不能享受的特殊政策，造成了公办中小学之间资源配置的不公平。二是有些学校既享受公办学校公共资源的保障政策，又享受民办学校的灵活机制，致使学校"公""民"不分。上述公共政策的偏差，从学校教育资源配置上，破坏了学校之间公平竞争的制度环境，导致学校之间出现了办学水准或质量"固化"的现象，抑制了学校之间的竞争动力，亟须政府进行干预调整，做到"一碗水端平"。

作者系山东省教育厅副厅长、《人民教育》特约评论员

原载于《人民教育》2017 年 02 期

教育亟需一份"权力清单"

《人民教育》评论员

前不久，北京连续几天发布雾霾橙色预警。北大附中初中部决定停课一天。海淀区教委表示，已经派人去学校要求其恢复上课。

然而，教委的"叫停"举措并没有获得广泛的民众支持。网易教育调查显示，超过7成的网友支持北大附中停课，甚至有专家认为，这一行政举措实际上干扰了学校的办学自主权。

行政权力与民众意愿的这场"PK"，提醒我们思考：教育行政管理部门的权力边界到底在哪里？

在我们的传统理念中，教育行政管理部门是一个强势机关，整个教育都在它的管控之下。由于行政权力天然的扩张性，它的影子在办学中随处可见：尽管学校千差万别，但在一个区域内，所有学校统一教材、统一教学进度、统一教学内容，个性化办学的空间被大大压缩；尽管学校是独立法人单位，但在许多地方，副校长、中层干部由教育局任命；就连学校如何花钱，也是教育局说了算；教育局还掌握着最为重要的评价权，有"评价"这根绳子拴着学校，校长只能乖乖听话，很多时候只能站在行政的立场去办学校。

曾有校长负气地说：校长需要什么思想？听教育局的就行了！打开教育局网页，上面布置这学期有什么工作，照做就行。

行政权力的无边界渗透，不仅导致办学中屡屡出现违背教育教学规律的事情，而且还出现了以言代法、以权压法的情形。多年来，教育改革难以深入，主要原因之一便是教育行政管理部门没有弄清自身的权力边界，行政管理人员可以依照自己的心情和想法去随意插手微观办学，从而干扰了正常的学校活动，也导致了千校一面，缺少改革的草根活力。

要改变这一多年的积弊，教育行政管理部门拿出权力清单是第一步，也是关键的一步。今年"两会"上，李克强总理提出建立权力清单制度，这是自十八届三中全会作出推行权力清单制度的决定后，中央对权力清单的再一次强调。

为什么中央会多次强调这一新生事物？这是因为通过权力清单，我们能够对权力做一笔"明白账"，让教育行政管理人员明白应该做什么，做到什么程度，做不好怎么办。一言以蔽之，权力清单是一个"可作为"的"清单"，"清单"以外都不可作为，体现的是对公权力行使者必须"依法行使权力"的限权要求。

通过权力清单，我们还可以清晰地分辨出，哪些是本该属于学校和社会的权利而被教育行政管理部门异化为"只此一家，别无分店"的权力了。只有划清权力边界，我们才可能理顺政府、学校、社会之间的关系，才能为"管办评分离"打下坚实的基础，教育治理现代化才可能得以实现。从这个意义上说，教育系统的权力清单，势在必行。

权力清单是教育行政管理部门的一次自我革命，但它绝不能仅凭教育行政管理部门的自觉性来完成。在清理权力的过程中，应该广泛听取基层和群众的意见，对那些反映多、意见大，又不利于激发教育活力的行政权力，要坚决取消下放。

在权力清单形成后，我们也要明白，并非有了权力清单就能管住权力，如果相关制度设计得不到落实，权力清单仍旧只是"一纸清单"。完善而科学的制度体系建设，不仅可以固化政府、学校和社会之间的权力分配新格局，而且可以形成三方互相监督、互相制约的新局面。

权力清单不是一个时髦的概念，是教育改革行进到今天的必需。愿更多的教育行政管理部门行动起来，在积极探索中创造新的改革红利。

原载于《人民教育》2014年07期

从"根"上为教育破题

《人民教育》编辑部

近日，《教育部关于加强家庭教育工作的指导意见》发布，进一步明确了家长在家庭教育中的主体责任，同时指出，强化学校家庭教育工作指导，"推动形成政府主导、部门协作、家长参与、学校组织、社会支持的家庭教育工作格局"。这些"意见"立即引发社会热议，有评论说，它"为家庭教育工作提供了新的改革机遇"。

但许多教师的第一反应却是：这又在给我们增加工作负担。

这里必须搞清楚：我们为什么要在教育学生的同时，"启蒙"家长？它和我们的学校教育到底是什么关系？

孩子每天带着家庭的烙印走进学校，又带着学校的烙印走向家庭。我们不清楚那个世界发生了什么，但是我们知道，有一双无形的手在改变着我们的孩子，让他们对我们绞尽脑汁设计的课程、苦口婆心展开的劝戒、精心组织策划的活动，特别是其中包含的道德、价值观产生轻视，产生怀疑，甚至逆反。

杜威曾说，家庭教育与学校教育的分离是教育中最大的"浪费"。如果学校真正考虑"教育效益"而不仅仅是形式的存在，或者仅仅是智力发展的工具，那么家庭教育就会成为高度重视的领域。家庭教育是根，不在根上破题，学校教育再用力，也可能是舍本逐末的徒劳。

应该承认，学校教育的确解决不了教育的所有问题，也不能奢望靠学校去改变家长的种种想法。但是，提升家长的教育素质，则不仅是必要的，也是可能的。在一个教育走向精致化的时代，家长不仅不应当被排除在外，还应当成为"受教育者"。

实际上，不同的家长群体对专业指导的需求都很强烈。许多家长平时忙于工作，没有时间去研究儿童成长的规律，与孩子的沟通存在大量问题；许多家长有时间，却苦于找不到自己需要的专业知识和方法；很多80后、90后家长初为人父、人母，对孩子的教育更是手足无措……

学校恰恰可以发挥专业教育的优势，通过对家长提供专业援助，对他们的教育理念施以影响，这也是学校家庭教育工作的核心。从一些学校的家庭教育工作效果来看，经过努力，家长确实对教育的理解更科学了。

那么，学校在家庭教育工作中究竟能做什么？

首先是课程化。"家长学校"是学校家庭教育工作的重要抓手，而把"家长学校"办出效果，关键在于开设好"家长课程"。

"家长课程"要依据不同学生家长的具体需求，形式也可以多样化，不同的内容选择不同形式。比如可以是"三方会谈"。传统的家长会把孩子排斥在外，效果不理想。作为教育主体的孩子如果参与到教育过程中，教育效果会更好。同时，学校的教育活动，如远足活动、综合实践活动等也可以邀请家长参加，这样会增进亲子之间的沟通。还可以是讲座，由家长分享案例，专家分析、家长借鉴。

开设好"家长课程"，要引导家长参与到课程开发和实施中，让他们成为课堂的一员。当他们面对一个班级甚至更多的孩子时，他们对自己孩子的理解就有了延伸。

其次，要根据家长需求，寻找教育的共识，形成学校和家庭教育的一致性。

要改变家庭教育中存在的不良倾向——"重智轻德、重知轻能、过分宠爱、过度要求"——关键是要在教育观念上达成共识，特别要向家长传播学校教育的理念。

同时，我们也要认识到，改变成人的教育观念并非易事，因此学校家庭教育工作的原则是有所为，不包办。有所为，就是要发挥好家庭教育工作的组织统筹作用，建立起相应的运行机制。不包办，就是要学会借力，用好社会力量，争取各方面的支持。

原载于《人民教育》2015 年 21 期

推行新《守则》要做好三件事

迟希新

用翘首以盼来形容人们对新版《中小学生守则（2015年修订）》（以下简称《守则》）出台的关注和期待恐不为过。这一方面说明《守则》本身对学校管理和学生教育有着举足轻重的作用，另一方面也折射出人们对它的创新和突破给予了殷切期盼。

认真研读《守则》，我们会发现与以往"守则"和"规范"不同的是，有一明一暗两个逻辑贯穿其中。

所谓"明逻辑"，就是循着学生成长和发展这个终极目标所构建的逐步深入的生活化的线索。它不仅最大程度地贴近了学生的社会生活，也涵盖了学生的班级生活和学习生活。《守则》不仅指导学生如何与人交流、主动学习，甚至包含了如何上网、文明出行、生活急救等。这些与生活息息相关的建议和引导，以学生的自主成长为中心，由近及远，由具体到抽象，从微观到宏观，旨在培养学生基本的行为习惯，奠定基本的文明素养。

另一个"暗逻辑"，则是外在价值引导与学生品德和观念的自主建构的有机统一。《守则》内容具有明显的价值先导性。第一条就明确提出了"爱党爱国爱人民"。从整体架构上看，首条规则以后的生活化内容都是这一高标要求的有序展开。而达成这一高标要求不是靠强制、灌输和规训，而是凭借生活化教育场景的行动和感受让学生在体验中理解，在理解后感悟，在感悟中生成，最终实现学生品格和价值观念的自主建构。

另外，我们在每一个条目的细则中，也会看到这个"暗逻辑"。以"诚实守信有担当"为例，这一高标要求的达成，是建立在"不说谎""不作弊""知错就改"，以及"言行一致""借东西及时还"这样一些基本的诚信品格和行为训练的基础之上的。

任何一个守则背后无疑都隐含了制定者规制和训导的初衷，因此，被规制者对规则的抵触和拒斥也在情理之中。学生守则在学生眼里无疑也暗含了"你必须""你应该"的强制逻辑。因此，让《守则》真正被学生接纳、认同和践行必然是一个艰难的过程。学校在使用和推行《守则》的实践中，要做好三件事：

首先，要做好细致耐心的"解压"工作。尽管《守则》贴近学生的生活实际，但与学生自由、快乐的童年生活相比无疑是电脑中的"压缩文件"，必须解压后变成"普通文件"才能被学生理解、接纳和喜欢。因此，《守则》中的内容需要教师进行改组和变式，分解和还原成生动鲜活的教育情境与班级生活事件，让学生在真实案例解析和角色体验中感受规则的意义与必要性，主动践行《守则》。

其次，要处理好"新守则"和"老规范"的关系。行为规范注重基础性和操作性，而《守则》则突出了指导性、方向性和预见性的特点，二者各有侧重，都统整在学生全面发展的目标之下，可以相互补充、有机整合。

最后，要彰显活动育人和自主管理的理念。苏霍姆林斯基早就断言：没有活动就没有教育。学生对《守则》的接纳、体认和践行是一个复杂的过程，绝非短时间内的一蹴而就。比如安全问题，不能只是让学生把安全守则铭记于心就万事大吉，而应该在班级活动中，运用价值澄清的策略和角色体验等方式，让学生获得关于《守则》内容的深刻体验，从而学会自我保护并作出正确的道德判断和价值选择。

随着学生年龄的增长，与《守则》相关的教育实践也必须凸显学生的主体性，尊重学生在班级生活中参与的诉求和自主选择的权利。要善于把老师的要求，变成学生自己真实的体验；把老师灌输给学生的观念，变成学生自己悟出来的道理；把老师的规训，变成学生自觉的习惯。

作者系《人民教育》特约评论员

原载于《人民教育》2015 年 18 期

学校建造在清洁的土地上难吗

刘　涛

日前，"常州外国语学校环境事件"闹得沸沸扬扬。该校迁址新校区后，许多学生出现不良反应和疾病。有关方面初步调查显示，该校在校生有247人出现甲状腺结节，成因不明；浅表淋巴结肿大35人，其最常见的原因是感染。而与该校仅一路之隔的是原化工厂受污染地块。

类似的事件近年来并不少见，学校选址安全问题瞬间成为社会关注的焦点。相对于空气污染、水域污染等污染形态，土壤污染是学校选址最为棘手的安全问题，其修复过程的难度之大、周期之长、效果之微已经成为世界性难题。

虽然我国的《教育法》《民办教育促进法》《中小学建筑设计规范》等都提及学校选址安全问题，但表述较笼统，且基本停留在简单的呼吁层面，缺少科学的监测指标和明确的惩戒标准。同时应该承认，学校选址安全之所以饱受土壤污染的直接伤害，与我国土壤治理与修复方面的法律空白直接相关。

许多国家通过立法应对土壤污染与修复问题。美国1980年发布的《综合环境污染响应、赔偿和责任认定法案》执行"谁污染谁治理"的严格责任制，且相关利益主体需要负起"连带责任"。如果责任方逃避责任，政府会先启动"超级基金"修复土地，再追诉责任方，并可要求其支付修复费用3倍以内的罚款。如此严厉的法律规定，让污染生产者面临极高的违法成本，也是污染受害者维权的有力武器。

如何动态地监测和管理学校的环境安全，也是我国学校安全需要迫切跟进的法律建设问题。荷兰的《土壤保护法》把全国90%的受污染土地纳入可持续管理框架体系，对土壤的安全问题进行动态跟踪和管理。日本《小学校园设施建设指南》推行一种日常性的学校风险监测理念，水质、土壤、气味、病虫害等潜在威胁都有相应的监测方法和执行标准。

学校不仅仅是教书育人的地方，同时也是一个城市的紧急避难所，因而承载着公共服务的社会空间职能。在学校选址问题上理应保证最大化的信息透明度和社会参与度，可由政府、社区部门和社区居民共同决策。出现潜在安全威胁时，学校必须第一时间通知学生家长。

按照我国《土地利用现状分类》国家标准，学校属于"公共管理与公共服务用地"。我国《环境保护法》明确规定，省级政府可以根据本省实际情况，对不同土地类型制定不低于国家标准的环评标准。在学校环境事件一再发生的背景下，是否给学校用地制定更为严格的环评标准，无疑是省级政府面临的迫切课题。

没有一张"制度的网"，学校选址的安全问题就难以得到根本性解决。"常州外国语学校环境事件"发生后，我国正在酝酿中的《土壤环境保护和污染治理行动计划》（俗称"土十条"）再一次引起广泛讨论。

学校选址的审批过程涉及发改、规划、教育、国土、环保、人防等十几个部门。但目前，各个部门之间条块分割，缺少必要的信息共享和协同机制。早在环评报告发布之前，常州外国语学校新校区建设已经举行奠基仪式，可见目前学校建设过程中各个政府职能主体之间的程序混乱。

从原始的"块状管理"转向"链式管理"，这是学校建设需要迫切跟进的现代监管理念。"链式管理"强调各个部门之间信息共享与协调配合。在面向学校选址的"链式管理"框架中，只有推行更为严格的环评标准，启动更为严格的法律体系，执行更为科学的治理方案，确保更为广泛的社会参与，孩子们的校园环境安全才会有可靠的制度性保障。

作者系《人民教育》特约评论员

原载于《人民教育》2016年09期

"弹性离校"要多从实际出发

汪　明

近日，"弹性离校"的话题引发热议。为了帮助家长解决按时接送孩子的困难，一些地方积极开展"弹性离校"实践，这种主动服务社会的创新之举值得肯定。但要使这种做法真正可持续，既要先行先试，积累经验，同时机制建设和规范管理也要同步跟上。近日教育部办公厅印发了《关于做好中小学生课后服务工作的指导意见》（以下简称《指导意见》），正是基于这样的考虑。

实行"弹性离校"与学生、教师、家长、学校和地方政府关系紧密。如何避免加重学生的课业负担、家长的经济负担和教师的工作负担，避免加大学校的安全风险，是"弹性离校"能否取得实际成效的关键所在。从可持续的角度看，实行"弹性离校"要多从实际出发，以利于更好地赢得各方的支持与配合。

实行"弹性离校"要从学生实际出发，服务内容要清晰，避免加重学生的课业负担。在课后这段时间究竟让学生做什么？如果采取集体教学或补课，成为课堂教学的延伸，势必有进一步加重学生负担的风险，在当前努力减轻中小学生课业负担的大背景下，显然不合时宜。因此，明确课后服务内容非常必要，《指导意见》提出，课后服务内容主要是安排学生做作业、自主阅读，进行体育、艺术、科普活动，以及娱乐游戏、拓展训练、开展社团及兴趣小组活动、观看适宜儿童的影片等，提倡对个别学习有困难的学生给予免费辅导帮助等。也就是说，"弹性离校"不能仅仅满足于托管，而要更多地赋予教育的内涵，使服务内容更加多样化，这是改革应当追求的目标。

实行"弹性离校"要从教师实际出发，参与主体要多样化，避免加重教师的工作负担。客观地讲，部分学生的"弹性离校"确实会加大教师工作量，增加教师负担。正因如此，对参与课后服务的教师给予一定的补助非常必要。此外，在课后服务模式上也应有所创新，课后服务的参与主体除了学校在职教师外，通过政府购买服务方式，引进社会组织参与学校内的课后服务工作，为学生提供更丰富多彩的服务内容，不失为一种有益的做法。

实行"弹性离校"要从家长实际出发，更好地体现政府的主导作用，避免加重家长的经济负担。从目前一些地方的做法看，大多不收任何额外费用。那么，课后服务的性质究竟该如何界定？课后服务的经费该从哪里来？作为一项公共服务，在课后服务中要体现政府的主导作用，强调以政府投入为主，可以通过"政府购买服务""财政补贴"等方式对参与课后服务的学校、单位和教师给予适当补助。应当看到，课后服务不是一项基本公共服务，也不是面向全体学生，在强调政府投入为主的同时，建立经费分担机制同样非常必要，通过协商机制由家长适度付费也在情理之中，但如何防范"高收费""乱收费"需要认真研究。

实行"弹性离校"要从学校实际出发，安全管理要跟上，避免增加学校的安全风险。随着学生在校时间的延长，学校的安全风险自然会有所加大，但不能因为存在这种潜在的安全风险，便将课后服务工作一推了之。配合"弹性离校"实践，加强学校安全管理非常重要，要明确课后服务人员责任，加强对师生安全卫生意识教育；同时要强化活动场所安全检查和门卫登记管理制度，制定并落实严格的考勤、监管、交接班制度和应急预案措施。

"弹性离校"是一项课后服务，主要针对家长按时接送有困难的一部分学生，因而必须遵从自愿原则，防范将部分学生的"弹性离校"变为所有学生的"推迟离校"，将自愿变为强制。

作者系《人民教育》特约评论员

原载于《人民教育》2017 年 07 期

如何让革命传统教育不敷衍、常走心

李向显

纪念中国工农红军长征胜利 80 周年，社会各界高度关注，各种形式的纪念活动很多。在这样的背景下，革命传统及青少年革命传统教育话题再次引起重视。然而，社会上对这一问题的认识并不一致，有些人认为革命传统已经过时，革命传统教育与当下的时代要求差距很大。

革命传统教育究竟意味着什么？在实现中国梦的伟大进程中，这一问题为什么极其重要？我们可以从革命传统教育的实质和青少年发展的本质两个维度来思考。

要进一步理解革命传统的价值。革命传统是中国人民在中国共产党的领导下，在追求民族解放、国家发展、人民幸福而进行的革命活动中，坚持先进价值、代表人类正义而积累的宝贵精神财富。革命传统既是一种先进的价值观，代表着先进文化的方向；同时也是千百万人民群众的社会实践，是一种积极的社会行为，表现了坚韧不拔的革命精神和攻坚克难、百折不挠的情感意志。它既是中国人民在革命斗争实践中凝结的文化成果，是确保革命胜利的重要保障，也因其广泛的群众性和极强的实践性而具备广泛的传承性。文化自信是坚持中国特色社会主义道路自信、理论自信、制度自信的基础，加强革命传统教育，是增强中国特色文化自信的重要举措，也是当代中国青少年实现全面健康发展的迫切需要。今天的孩子面临着日益开放的社会环境，也面临着越来越尖锐的生存发展挑战，许多教育工作者都认识到，引领孩子建设自己的精神家园，给孩子更坚实的精神和思想基础，对这一代人尤显重要。

要抓住革命传统教育的根本。革命传统与中国特色社会主义文化价值具有高度一致性。比如长征精神，具体内涵是对信仰的坚守，不怕苦、不怕死的奋斗精神，集体主义、乐观主义等，这不仅是中华民族精神的结晶，也是人类精神财富的重要组成部分。因此，对青少年进行革命传统教育，必须首先破除革命传统精神已经过时的思想障碍。同时，要善于用现代视角解读、弘扬革命传统的精义。一说到长征，我们脑子里可能首先浮现的是"爬雪山、过草地、吃草根、咽树皮"的情景。如今的青少年对此已经陌生，但其背后的信仰力量是永恒的。在今天开放的社会里，每个人的发展都可能面临着危机，怎样走出困境？怎样从看似没有路的地方走出一条路来？这就需要信念、信仰。今天与昨天先进的、正能量的精神价值在本质上是相通的，唯一的区别是情景，是表现形式。革命传统教育就是要抓住本质，把精神的正能量一代一代传下去。

要努力研究如何加强和改进对青少年的革命传统教育。革命传统教育不能靠空洞的说教，更不能只成为纪念日的应景，必须提高对青少年革命传统教育必要性、重要性的认识，自觉把革命传统教育纳入中小学德育工作范畴。要彻底摒弃革命传统教育已经过时的错误观念，深刻理解革命传统的价值，认识革命传统在文化价值、行为模式和心理健康等方面的丰富内涵。要特别注重创新拓展。革命传统教育的核心在于坚定对青少年的价值引领，采用符合新时期青少年心理生理特征、适应他们所处生长环境的内容和形式。要重视整合与运用社会文化资源，充分调动社会力量，例如学校周边的革命遗址、纪念地等场所或机构可以建成教育基地，老一辈革命先烈、英雄人物等可以成为革命传统教育的有效载体和人生导师。

人类在发展，时代在变迁，但总有一些先进的文化价值会代代相传。我们只有认识到位，持续创新，革命传统教育才能真正做到不敷衍、常走心。

作者系《人民教育》特约评论员

原载于《人民教育》2016 年 19 期

第四辑

回到儿童的陌生处

发现明日之"我"

《人民教育》编辑部

"生存还是毁灭,这是一个问题。"莎士比亚名剧《哈姆莱特》这一著名追问,道出了千古以来人类寻找人生意义的内在冲动。

这一冲动在当代中小学生身上同样表现强烈。自己今后要成为什么样的人?什么样的生活才是有意义的?这些人生基本问题,常常困扰着青少年。人的自觉行为是建立在价值感之上的。若无法找到人生的意义,也就无法发现生活的诗意,便会对生活厌倦、烦恼乃至绝望。一些青少年讨厌学习,精神迷茫,往往就是因为他们对人生价值无感,缺乏超越庸常生活的精神动力。

面对生长于物质比较丰裕年代的新一代,学校教育要做的不只是以知识改变命运,同时更应该帮助他们找到人生的价值、生活的意义,让他们过上丰富的精神生活。

十多年来的课程改革,以及近年来深入推进的考试招生制度改革,都在给予学生一定的课程学习选择权,其实质是还给学生人生规划的自主权。但选择的前提是要有选择的能力。帮助学生学会学习选择、人生选择的学生发展指导便应运而生,而且将逐渐成为学校教育的基本职责。

学生发展指导的核心是"发展":努力让每一位学生体认人生的价值,明白自己要成为什么样的人,从而发现自己、发展自己、成就自己。

原载于《人民教育》2017 年 09 期

不一样的"00后"，我们读懂了吗

王开东

最近，校园暴力频现，蒙城学生群殴老师，更是将有关"00后"孩子的讨论推上顶点。

老船票根本无法登上"00后"的新船。重建师生关系，刻不容缓。

重建师生关系，基础是要读懂"00后"。"00后"究竟有哪些群体特征呢？

"00后""非常6+1"，他们集6人宠爱于一身，索取多，付出少。既养成了自私自大的毛病，也因心怀感恩而具有强烈的情感负担，甚至因不堪重负而变得脆弱。

他们常常以天下为己任，但又懒惰懈怠，害怕身体力行。就算志向成了镜花水月还照常乐呵，无非换个志向从头再来。

他们并非缺乏集体精神的一代人，反而具有强烈的集体认同感和荣誉感。他们很容易用自己的方式构建社群，但他们更关注自我。一旦集体与个体产生矛盾冲突，几乎一边倒选择个体。在他们看来，集体的价值只在于展示和包容自己的个性，否则集体就是有害的，当然可以抛弃。

"00后"有太多获取知识的渠道，知识储备可能完全超过了老师。可问题是，不求甚解，绝不愿意在一个喜好上花费更多时间。但谁敢认定这就是一种错？当"00后"已经变成小溪、小河的时候，如果老师还守着自己的一桶"水"，如何建立起自己的师道尊严？

他们是独生子女，从小就有对话成人的经验，自我意识早已觉醒，具有强烈的话语权需求。但"00后"又普遍不肯担责。这是为什么？其实，"00后"的责权意识非常清晰，对未经独立选择的东西他们不会珍视，更不会负责。

顾明远先生曾深刻指出，教育受到三种拉力影响："一是国家要培养合格的公民，希望他们成为国家发展、社会发展的人才。二是家长把教育看成是敲门砖，认为自己的孩子是天才，望子成龙，个个都成拔尖人才。三是市场把教育作为逐利的工具。""00后"的压力不仅来自沉重的学业负担，更来自"三种拉力"所带来的无所适从。教育喧嚣导致社会、父母和老师产生巨大的焦灼情绪，这种焦灼反过来使得孩子浮躁不安、心理负担沉重。为了排遣压力，更多的孩子选择网络，或者关起门释放压力。当孩子们选择无视，有时候不是冷漠，而是一种自我保护。但谁敢保证，这种自我保护不会成为冷漠、孤僻和自私自利的开始？

其实，单纯按人出生年份划分，赋予"00后"一个群体特点，难免简单和片面。每个时代孩子的普遍爱好可能有所不同，但作为孩子的特征又是相近的。这个世界上从来没有所谓某个阶段群体的特点，所有的不过是社会特点在人身上的投射而已。

面对这样的"00后"，我们该怎样重建师生关系？

教师需要运用同理心，深入把握"00后"的心理特点，寻找其行为背后的心理成因。比如"00后"为何总喜欢夸大自己的懒惰？真实原因是，能力是人的巨大缺陷，而懒惰不过是一种选择。懒惰恰恰能够转移老师对他们能力问题的关注。

"00后"孩子之所以不愿和老师交流情感，一是觉得交流没有意义；二是认为不能获得建设性帮助。教师不妨从别人的小事打开话匣子，交流中多说"你"，少说"我"，真正做一个倾听者，并且守口如瓶。在培养起师生深厚的情感之后，还要有意识地培养孩子的社会情感，加强孩子的认识与社会认识的一致性。社会情感有助于开阔孩子的视野，提升他们的境界。

"00后"孩子心智尚不成熟，往往不知道为什么读书，也很少有人有清晰的人生规划。换句话来说，他们根本不知道往哪里走。所以重要的是给孩子方向感，在平等对话的基础上形成价值共识，帮助他们建立更为明晰和有意义的生活目标。

每个人的生命都是一条完整的河流。每个人都是自己生命河流的唯一开拓者。教师的生命河流和学生的生命河流互相交织、补充、交错，成就彼此的波澜壮阔。这是师生关系重建的最高境界。

作者系《人民教育》特约评论员

原载于《人民教育》2016 年 10 期

儿童教育的"种子法则"

朱自强

"狼爸"萧百佑在其博客文章《某晚报记者的采访》中说:"孩子是一张白纸,父母是笔墨,我们一定要用最大的耐心和爱心画好每一笔。"再到互联网上,输入"儿童是一张白纸",会看到大量的支持者。如果按照萧百佑所说,"孩子是一张白纸,父母是笔墨",那么画出来的画——教育的成果,就是成人创造出来的。

300多年前,洛克提出"白板"说,是因为那时遗传学还没有发展起来。但是,今天,仍然有那么多人持有这种儿童观,则非常令人诧异。

究竟应该如何看待儿童,看待儿童心灵?

蒙台梭利早就对这种观点提出批评,她说:"在与儿童的关系上,成人是一个自我中心主义者,不是利己,但是以自我为中心,他总是从自己的角度出发来考虑一切,因此常常会误解儿童。正是由于站在这个立场上,他才会认为儿童是空的容器,是懒惰的、无能的,内心是盲目的,因而成人必须向他灌输知识,为他做一切事情,引导他一步步往前走。直到最后,成人自认为是儿童的创造者……"

卢梭则将儿童看作自然中的有生命的植物。在洛克那里,成人将白纸填满,便是成熟;而在卢梭看来,成熟就是使儿童避免受到文明中病态东西的污染,有机地、自然地从内部生长出"它的果实"。

德国教育思想家福禄培尔继承了卢梭自然人的教育思想。他在教育名著

《人的教育》里，将儿童比作"葡萄藤"，将教师比作"园丁"，认为给葡萄藤带来葡萄的不是"园丁"，而是葡萄藤本身。他说："为进一步接受大自然的教训，葡萄藤应当被修剪。但修剪本身不会给葡萄藤带来葡萄，相反的，不管出自多么良好的意图，如果园丁在工作中不是十分耐心地、小心地顺应植物本性的话，葡萄藤可能由于修剪而被彻底毁灭，至少它的肥力和结果能力被破坏。"

儿童究竟是一张"白纸"，还是一颗"种子"，决定了教育的态度是不一样的——面对白纸，教育者可以随心所欲；面对种子，就必须遵循种子的成长规律（遵循节气，不能揠苗助长）和所需的生长条件（合适的土壤，充足的阳光和水分）。面对一张"白纸"和面对一颗"种子"，教育的难度也是不一样的——灌输容易而激活难。

我们更愿意将儿童的心灵比喻为一颗"种子"。面对这颗"种子"，绝不可以单方面随心所欲地书写，我们必须考虑到激活这颗种子的潜在生命力所必需的合适的土壤、阳光和养料。给予这颗种子所需要的，它的基因图谱才能舒展开来，才可能长成参天大树。

作者系《人民教育》特约评论员

原载于《人民教育》2015 年 11 期

垦"志"不"啃老"

《人民教育》编辑部

又一个青年节到了。这是理想的狂欢，也是青春活力的绽放。然而不知从何时起，青春、少年的理想色彩似乎开始暗淡了。据统计，在我国城市中有30%的年轻人靠"啃老"过活，65%的家庭存在"啃老"问题。社会学家认为，"啃老族"还有扩大的迹象。

少数青少年缺乏学习动力和奋斗精神，原因是多方面的。社会的浮躁，家长的纵容溺爱，家庭教育的重智轻德，都起了相当负面的作用。但个人未能及早立志或志向不坚定，也是重要原因。

美国心理学家曾对1500名儿童进行了长期跟踪观察，30年后他们发现，20%没有取得任何成就的人与20%成就最大的人相比，最显著的差异并非智力水平，而是个性品质。而个性品质中，最重要的便是"立志"。王阳明12岁时就立志"读书作圣人"，钱学森在中学时代念兹在兹的就是"民族、国家的存亡问题"。后来，他们果然干出了一番大事业。

调查显示，中学生认为影响自己志向信仰选择、形成的因素，学校教育排在前面。尽管在信息时代，影响学生思想、精神的外在环境日益复杂，但在立志教育方面学校仍大有可为。

问题是如何找到当代立志教育的路径。由志气而志向，由志向而志趣，或许是一个不错的选项。

"志气"是"不信邪"的特质，是那种去做别人认为不可能事情的执着。

漫漫人生路，一个人可能会面临诸多诱惑、陷入无数困境，"志气"的"长短"决定一个人的幸福指数，一个人的成才成功。

挫折教育是培养"志气"的好办法。"天将降大任于斯人也，必先苦其心志，劳其筋骨，饿其体肤，空乏其身"。学校生活中，不难看到当今的孩子意志力薄弱、责任心不强、自信心不足，更有甚者，在遇到小挫折之后就选择结束自己的生命。我们可以从一些小事情开始，让孩子获得克服困难后的成就感，从而逐渐形成乐观坚韧、积极向上的心态。

志气让人勇往直前，志向则为人生明晰方向。人生没有方向，就如同船只行走在茫茫大海，却没有灯塔一样。志向有高低之分，但无价值之别。中国曾经处于主权不全的赤贫时代，几代青年立下为中华崛起而读书的志向，可歌可泣。现在，中华民族要复兴，需要青年们为国家富强而努力。这个使命，具体到每一个人，可以是找一份好工作，也可以是创业与创新。

我们既为现实的当下的志向而鼓掌，也为长远的高大的志向而欢呼。很多学校开设生涯规划课，不正是帮助学生立下志向的好载体吗？"生涯规划"的意义，不仅是让学生尽早找到自己的职业方向，更重要的是让学生认识自己，认识到个人的价值在哪里，如何成为一个有价值的人。

"志"还应该与"趣"相联。如果不能品尝到自己所从事的职业、劳动带来的乐趣，许多人会半途而废。传统的立志教育，可能更多地强调了"志"的坚忍、刻苦的一面，忽略了其也会带来人生"高峰体验"的另一面。实际上，鼓舞一个人持之以恒追求某事某物的，正是在"追"的过程中产生的美妙快乐，并由此对人生的未知图景充满想象与好奇。

一些立志教育做得比较好的学校，往往善于引导学生在选择中确定职业的志向、人生的方向。有了喜欢、快乐为沃土，"志"才会长成参天大树。当然，"趣"不是耽溺于肤浅的快乐，而指向人的精神。有"志趣"的人生，必然是在实现"小我"价值的同时成就"大我"，由个人而家国而天下。

以志气为基、志向为锚、志趣为魂，"人"就会越写越大。

原载于《人民教育》2015 年 09 期

重新认识、发现儿童

成尚荣

最近，偶然的机会看到杜拉斯的一些资料。这位极富思想、风格独特的法国女作家、女导演，开始在书中寻找，后来在电影中寻找。寻找什么？她说："除了童年时代，一无所有。"她十分赞同司汤达的话："童年，无休无止的童年。"正是对童年的不断寻找和发现，让她在法国文学史和电影史上都是独一无二的，占有重要的地位。这让我想到教师。教师的一切更是为了寻找童年，更是为了认识、发现儿童。我的认知判断是：认识发现儿童与教育、与教师是同一语，谁真正发现了儿童，谁就赢得了真正的教育。

认识、发现儿童是大学问、真学问、难学问、深学问，因为儿童是我们"熟悉的陌生者"。儿童，我们既熟悉，又陌生；有时候熟悉，有时候陌生；有的方面熟悉，有的方面陌生；对有的儿童熟悉，对有的儿童陌生。与文艺理论上的陌生化理论不同的是，我们重新去认识、发现儿童不是为了获得新鲜如初的审美体验，更不是为了猎奇，而是为了摆脱狭隘的日常关系和习以为常的惯常化的制约，从而感受儿童的丰富性和生动性。从某种角度说，丰富性、生动性正是另一种复杂性。陶行知曾言"儿童社会充满简单之美"，其深层含义是简单中有着不简单，抑或说，儿童有时用简单的方式，表现了、表达了一些复杂性，这样的美有时很神秘。所以，对我们来说，认识、发现儿童是永恒的课题。

回到儿童的陌生处，当下最为重要的仍然是回到儿童的本义和最伟大之处去。儿童的本义是自由。对儿童探究、游戏的天性，哲学、艺术的创造性以及多种多样的可能性，我们认识仍然很不到位，发现很不够。对儿童的可爱和伟大，我们仍是有着多种不解和误解。这是当前教育中的主要问题，为此，我们应当从根本上转变儿童观，站到儿童立场上去，否则，教育注定在陈旧、落后的圈子里徘徊，在徘徊中倒退，在倒退中最终失败。因此，我们必须重新发现儿童。

值得注意的是，当前儿童教育还有另一个问题和倾向，那就是对儿童的认识和发现是不完整的。这种不完整，表现在三个方面：理论与实践的脱节和分离，理论中的儿童是伟大的，而实践中所发现的儿童却与理论上的发现不尽一致，我们往往以理论遮蔽实践；理想与现实的脱节和分离，现实中的儿童与理想中的儿童有着落差，而我们往往以理想中的儿童代替现实中的儿童；对儿童可能性的认识与把握，注重其积极的、光明的一面，而忽略其消极的、灰色的一面。三个方面的脱节、分离，既说明我们的理论需要修正，又说明实践需要调整。完全可以说我们还没有发现真实的儿童，导致教师的困惑和教育的不知所措，有可能带来教育的失误和失职。我们需要重新发现儿童。

问题还在成人。我们要从儿童完整的世界入手，在完整性中重新发现儿童的真实性。儿童生活在三个世界中：现实的世界、理想的世界、虚拟化的世界，三个世界中儿童的学习方式、生活状态、价值取向是不同的，常常发生猛烈的价值碰撞乃至价值迷乱，而价值困惑、迷乱又影响着儿童的心理状态和学习方式。况且，随着时势的变迁，当今儿童呈现着多侧面性，是与非、善与恶、美与丑，混杂地体现在儿童身上。如果我们只关注某一方面，就可能会遮蔽儿童的真实性。所谓重新发现儿童，就是以完整的视野，再次审视、更加准确地把握真实的儿童。

当然，我们还得重申：重新发现儿童，绝不是对儿童可爱、伟大的否定，恰恰是让他们更可爱、更伟大。

作者系江苏省教育科学研究所原所长
原载于《人民教育》2014 年 11 期

于成长而言，"散步"优于"赛跑"

储朝晖

屠呦呦获得 2015 年度诺贝尔生理学或医学奖，成为第一个获得诺贝尔自然科学奖的中国人。这引发不少人对她教育经历的关注，以期为自己、孩子、学生或相关之人的成长发展作参考。

屠呦呦的中小学乃至大学阶段都是在悠游自在中度过的。她 1948 年进入宁波效实中学学习。当时，屠呦呦的学习成绩不是很突出，成绩单上有 90多分的，也有 60 多分的。屠呦呦留给高中同学和老师的印象是：在班上不声不响，经常上完课就回家，成绩也在中上游，并不拔尖。

也许正是因为回家不需要做那么多的作业，不必为考试分数着急，屠呦呦回家后才有时间观摩父亲悬壶问诊，还能随意翻看父亲的中医典籍。无意识中，她学到一些学校不传授的知识，也养成了自己独特的兴趣和爱好。这种自然、有效的学习与她天赋的优势潜能以潜移默化的方式发生耦合，最终在几十年后成就了屠呦呦。

当下，不少学校集中所有精力，关注学生的学业成绩，却忘记了学生的成长是在学校、家庭、社会环境的共同作用中进行的，忘记了学业成绩永远只是一个人成长发展的一部分。

众多例证表明，那些最容易被忽略的"中等生"，其日后发展优于前几名的学生。这就是心理学上的"第十名现象"。为什么会这样？因为过分看重分数的学生，往往会通过拉长学习时间、加大作业训练量来获得高分，而压缩了自己其他方面发展的时间和空间，透支了明天的发展可能性。

牛顿、爱因斯坦、爱迪生在中小学阶段都不是学霸，有的还被学校开除过。所以，看学生一定要全面、发展地看，看他是否品行端正，是否有使命感。评价学生不能只看他做对多少道题，还要看他是否有胆量质疑、批判，能否依据自己的体验发现问题；不能只看眼下的状况，还要看他是否坚韧，是否保有好奇心、求知欲，是否具有创新精神。这些都比一时的成绩更重要。

屠呦呦有个不少人都谈到的特点，就是"较真"，只要她喜欢的事情，就会努力去做。在发现青蒿素的过程中，经历了数百次失败，收集了 2000 余方药，别人看来很枯燥，她却乐在其中、坚韧不拔。研制中，她大量试药导致肝中毒，更显示出她高度的责任感。

这些素质都不是简单的考试成绩所能体现的。要养成这些素质，需要学校、老师帮助学生找到自己的优势潜能，依据兴趣自然成长，遵从天性进行教育。然而，当下教育存在两个误区：一是不少人认为不同的人有相同的起跑线，需要通过相同的轨道才能成才；另一个是走得快肯定比走得慢好，让学生长期处在一个紧张的"赛跑"的状态。

其实，人本身就是多样的，同时社会需求也是多样的，这两者之间就如同不同的锅和锅盖那样，有什么样的锅就能找到什么样的锅盖。如果给不同个性的学生设置同样的起跑线，并要求他们进入相同的轨道，不仅会在过程中叠撞在一起，还会磨损学生个性，进而影响他们的一生。

以教育的快慢而言，屠呦呦的成长与教育上众多的实验都表明，对孩子自然状态下的教育最有利于保护孩子的想象力和好奇心，最接近孩子的天性，也能最有效地发挥孩子的优势潜能。所以，理想的教育是让每个孩子以平常心，依据自己当下的发展状况和自己的能力确定学习内容与学习进度，自主选择学习方式和路径，自主确定向何处去，"散步"前行。这比让所有学生都在一条跑道上"赛跑"，更加符合教育的规律和学生成长的规律。

作者系《人民教育》特约评论员

原载于《人民教育》2015 年 20 期

点燃人生目的的灯芯

李希贵

近日，我到澳大利亚访问，遇到了一大批留学澳洲的北京市十一学校的学子。其中有一位同学略有些羞涩地告诉我，毕业几年了，一直不好意思回母校，感觉无颜见老师，因为自己高中时期确立的若干目标都没有实现。

我非常理解这位同学的心情，我也知道，抱有如此心态的同学并非只有他一个。长期以来，从家庭、学校到社会，实在太重视孩子的眼前目标了，我们没有给他们学会厘清和确认目标的过程，从一开始就希望他们正确无误地设定目标，毫无悬念地逐一实现目标。事实上，这是不可能的。在一次次确立目标的过程中认识自己，体察人生，感受到规划的意义，这本身就是成长。

今天，我想劝同学们一句，不要拘泥于当下的目标，甚至应该缓一步实现那些宏大的人生目标，但应该早一点确认人生的目的，点燃人生目的的灯芯。

在十一学校，有一位卓越的英语老师，从小确立的职业目标是成为翻译家，她希望为人们架起沟通的桥梁，然而命运阴差阳错地把她推到了中学的讲台上。她气馁过，失望过，灰心过，但时间改变了她对职业目标的理解。随着教师生涯的深层体验，她终于发现，一名教师和一名翻译一样，可以殊途同归地帮助别人架起沟通的桥梁。看上去，她似乎没有实现自己的人生目标，但她踏上了追逐梦想的坦途。为什么？因为她早早地明确了自己的人生目的，就是为别人架起沟通的桥梁，她希望从别人的成功里收获幸福。

近期热播的电影《疯狂动物城》，成功地塑造了兔子朱迪的形象。玲珑可爱的朱迪从小就给自己确立了一个在别人看来高不可攀的梦想：成为疯狂动物城的警察。在这个现代化的都市里，有沙漠气候的撒哈拉广场，有常年严寒的冰川镇，有阴险凶猛的狮子、狡猾却又善良的赤狐、黑帮老大鼩鼱、小偷小摸的白鼬，可谓生态气象万千，社会错综复杂。一只兔子的警察梦在如此的社会生态中显得幼稚可笑，然而历经千辛万苦、千难万险、千波万劫，最终让我们看到了一个可爱、智慧、成功的朱迪。朱迪的成功绝不仅仅是让我们重温过去一系列成就梦想的故事，也并非仅仅让人们诠释奋斗与成功的等式，更重要的是让我们理解成功背后的逻辑。因为在朱迪追求职业梦想的背后，是她坚定的人生目的追求，她的警察梦，是与那座有着64种动物的都市紧紧地连在一起的，动物城的文明、和谐是她追求的理想，为别人做事是她的快乐之源。正是这样的人生目的，让她对自己梦想的追求更执着，也让她在追求梦想的道路上最终赢得了大家的尊敬。

这两个看似矛盾的故事告诉我们，及早地明确自己的人生目的，可以让一个人在不同的人生道路上，殊途同归，并在追求人生目标的过程中，放大人生的价值。

在十一学校的培养目标中，第一条就是"勇于担当"，我们希望走出校门的每一位十一学子都能胸怀天下，具有民族责任感和历史使命感，自觉为国家、为团队、为家庭、为朋友排忧解难；自觉奉献社会，主动服务他人。我们希望这一目标成为每一位十一学子规划未来、确立目标、把握人生的灯塔。高中毕业，往往是一个人踌躇满志、信心满怀的时候，往往容易迫不及待地追求一个又一个目标的早日实现，但我要提醒大家，更重要的是要让每一个目标变得有意义、有价值。

让我们及早地点燃人生目的的灯芯吧！

原载于《人民教育》2016 年 12 期

他们为何会失却人伦之情？

刘云杉

校园欺凌最近迅速成为社会热点。国务院专门为此下发文件，将开展长达 8 个月的专项治理。

作为一种自然的社会现象，校园欺凌如果只是零星地发生，学校依靠健康的制度土壤、温暖的情感与积极向上的精神氛围便能有效地校正此类越轨行为。而且，偶然的欺凌行为常激发学生群体的正义与勇敢，凝聚友善之情与仁爱之心，培植同情共感、声气相求的共同体。在健康的社会与学校情境中，制度、教师与学生群体如何监视、矫正欺凌事件本身就具有丰富的教育意涵。

但是，在今天，欺凌行为在一些中小学快速蔓延，我们不得不追问：欺凌以何种形式发生在不同类型的学校、不同群体的孩子中间呢？健康校园的育人土壤发生了何种变化？学生的同伴关系、情感体验发生了何种扭曲？对此校园机体能不能自我修复、重焕活力？

在一些寄宿制学校，在一些留守儿童、留守少年中，在父母亲情匮乏、教师关爱缺席的空白地带，血性的、反抗性的青少年帮派文化野蛮生长：逞强与庇护，豪情与侠气，千古英雄少年梦，《水浒》中的流民文化侵蚀着这些少年。人性中自然性的一面由于没有受到知识的滋养、纪律的约束，肆无忌惮地向下滑落，开出诡异的恶之花。乡村社会秩序脆弱，乡村学校教育薄弱，社会的秩序、学校的权威，在他们身上便全然不见了。乡间失教的野蛮少年就是这样炼成的。

另一部分孩子，他们有殷实的家境，有父母的关爱，多在县一中、市重点或某个超级中学就读，他们拥有值得憧憬的人生前景。本应远离校园欺凌的他们，有时也以另一种形式演绎欺凌：因为从小就在残酷的竞争文化中成长，"做人上人"的人生目标使他们常常把他人作为对手，其心灵与情感处在一种持续的激烈竞争状态。于是一种独特的欺凌出现了："学霸"嘲弄、讥笑甚至奴役"学渣"，并在别人羡慕、嫉妒甚至仇恨中享受脆弱的优越感。在他们身上，教育价值以及社会秩序被扭曲了：超越他人及其背后的僭主心态成为显性或隐性的欺凌行为的心理动力机制。

最后，让我们注目另外一个群体：这些孩子自出生伊始，家人对其要求没有一点限制，尽量给予满足，而且有能力满足，致使他们形成一个观念：自己可以任意而为，而不知道义务为何物。孩子是未来，他们有无限的可能，这种信念在这群孩子的父母及其就读的学校身上表现得异常明显。这是典型的现代"无限病"的表征。它让一个孩子不能安静、朴素地做原本正常普通的孩子。它诱使孩子们沉溺于表演：得体的乖巧，适度的反叛，正式场面作堂皇的发言，私下里则调侃嬉笑一切。它让人孤寂却热闹地成长，因为它切断了孩子身上一切自然、质朴的连接。如此，这些孩子不仅成了自然意义上，更成了社会意义上的"独子"，手足之情被生硬地切割了，他人、集体、友谊成为快速"进步"的沉重累赘，义务、责任、师长、具体人生的各种情谊也都成为羁绊，真实的情感支撑、人伦纽带都风飘云散。欺凌于他们而言，如同一种内置的文化基因。

拷问校园欺凌，真正拷问的是当下的社会病理与教育病理。要校正欺凌，回归优良的教育是一个必然选择：以教师权威的严与慈，以同伴之间的"同情的心"与"帮助的手"挽救与恢复教育的人性基础，培植学生的人伦之情。在既温暖人心又催人奋进的集体教育中，养成温和且友善的性情、培育勇敢且正直的心灵，进而建设正义且团结的社会。

作者系《人民教育》特约评论员
原载于《人民教育》2016 年 11 期

抗逆力让留守儿童摆脱成长困境

赵景欣

长期以来，留守儿童被"问题化"或"污名化"的倾向比较突出。媒体所报道的农村留守儿童的"极端案例"以及局部调查所揭示的令人触目惊心的"问题"，直接强化了"留守"这一负面标签。

农村留守儿童真的是问题儿童吗？我们在访谈研究中发现，50%的留守儿童认为自己乐于交朋友、外向乐观或兴趣爱好广泛等；但是，73%的教师和75%的校长却认为留守儿童任性叛逆、难管理、敏感自卑、不善于交往、在学校表现出不良行为和习惯、学习态度消极、学业成绩欠佳等，只有不足10%的教师或校长提到了农村留守儿童的良好表现。

可见，留守儿童被"问题化"的倾向，直接影响了人们对农村留守儿童的看法和期望，留守儿童与问题儿童之间逐渐被等同起来。

这一结论存在很多值得商榷的地方，包括对农村留守儿童问题行为发生率的夸大、测量工具的不科学选择以及问题的简单归因，等等。分析已有的新闻报道和相关研究结果，虽然总体上农村留守儿童问题行为的发生率较高，但是仍然有一半以上甚至更多的农村留守儿童并没有出现相关的问题行为。

在同样的亲情缺失的不利条件下，为什么有的农村留守儿童表现出了发展上的问题，有些留守儿童却没有出现问题行为，甚至能够发展良好呢？我们可以把留守儿童在不利处境中表现出来的这种自强奋进、积极适应的力量称为"抗逆力"，是个体面对危机或困难处境的适应、内在改变、自我矫正及复原的一种能力。

在抗逆力研究中，一个重要的发现就是：不利处境并不必然导致个体的发展不良，个体仍有机会保持正常的发展，并且其发展水平甚至会超出正常个体的发展水平。抗逆力在儿童发展中的作用虽然神奇，却不是一种"超能力"，而是一种人人都能够具备的能力。拥有抗逆力意味着：个人、家庭或社会能够预防、减轻或克服不利处境带来的损害；个体能够转化不利处境，令生命力更坚强。

在抗逆力这一概念框架下看留守儿童的发展，会使我们不再只关注农村留守儿童群体表现出来的问题，而是更关注如何提升农村留守儿童的抗逆力。

能否培养并提高农村留守儿童的抗逆力呢？答案是肯定的。儿童之所以能够表现出抗逆力，主要是源于保护因素的存在。保护因素不仅可以使来自危险性环境中的个体避免出现后期不良的适应结果，而且能够打破个体已经出现的不良发展进程，并引导其进入积极的发展进程。因此，培养农村留守儿童抗逆力的关键在于开发并强化农村留守儿童个体及其生活中的保护因素。一般来说，农村留守儿童积极发展的保护性因素可以分为三类：一是个体保护因素，这主要包括建立人际关系的能力、解决问题的能力、计划将来的能力及对未来的积极预期、自主行动的能力等；二是家庭保护因素，包括父母的支持、父母对孩子行为的管理、父母关系的和谐、留守监护人的关心和良好的教养方式等；三是社会环境保护因素，包括来自学校、社区等环境中的资源，如教师的支持、积极课程的开发、积极友谊关系的建立，等等。

培养农村留守儿童的抗逆力，一个基本原则就是通过提升家庭以及家庭外社会环境中保护因素的水平，来提升个体自身的保护因素水平或增加个体内部的发展资源，进而达成让农村留守儿童在不利处境中积极发展的目的。作为教育者和养育者，要善于挖掘适合于留守儿童的保护因素，以更好地促进其抗逆力的形成和发展。

作者系《人民教育》特约评论员

原载于《人民教育》2015 年 22 期

第五辑

做一个精神灿烂的人

我这样当老师

《人民教育》编辑部

9月，我们迎来第31个"教师节"。

中国有尊师重教的传统，所谓"弟子事师，敬同于父"。但这个传统正经受社会转型的考验。

随着社会经济的发展，大家对教育关注度不断攀升，社会各界对教育的诉求不断"升级"。

教师职业前所未有"压力山大"。学校不再是单纯的"象牙塔"，教师面临越来越多、越来越复杂的新情况、新动向；"00后"成长起来，他们的思维、行为规律有待研究；家长参与学校教育的愿望空前高涨，另一方面，家校冲突也时常发生……

社会转型期的教育生态，折射到教师身上，让这个群体的生存、思想状况变得复杂、变动不居。

明白这个特点，我们对教师职业的关心、关怀才不会流于表面与肤浅。

因此，除了关注教师的师德规范、专业成长，更应该重视教师每一天里生活的状态、心理的健康，还有他们的业余爱好与志趣情趣。

教师，首先是有丰富情感，有快乐、烦恼、痛苦、欲望的有血有肉的一群人。他们以怎样的方式生存与生活，有怎样的兴趣与业余生活，甚至具备怎样的心态与思维方式，都会直接塑造教师群体的价值观。

教师的工作更多作用于人的精神世界，优秀的教师更类似于精神的导师。精神丰富、灿烂的教师才会培育出同样丰富、灿烂的学生。

精神需要标杆。

在教师队伍中，有着一批坚守理想信念、道德情操高尚、学识扎实、具备仁爱之心的好老师。他们所站立的姿态便是教师职业的标杆。

这些精神标杆如何炼成，它们具备哪些共同的"基因"——特别是当他们同样面对日新月异的世界变迁，面对复杂、多元的教育教学情境，经受平凡、单调生活的考验时，他们究竟是如何跨越这些沟沟坎坎的——他们怎样将平凡日子变得"有光有花有童话"，如何永不停歇、不断奔跑地学习？如何把教育教学生活过得有滋有味、不同凡响？

答案在哪里？也许就在我们认为是平凡光阴的每一天里，也许就在普通得不能再普通的三尺讲台内外。

原载于《人民教育》2016年17期

教师的权威去哪儿了？

周永川

对于昔日母校的教师，我有着不少温情回忆，对他们的敬畏之情，始终挥之不去。哪怕现在再见到他们，内心深处始终为他们的权威预留了大大的空间，哪怕他们已经退休了，甚至已经无力来"教育"我们了。老师的那份感情，让我们在学习的路上备感温暖；而我们对老师的那份敬畏之情，让我们在人生的路上永不懈怠！学习了这么多年的教育学，也一直没有解开心中之谜，母校教师的权威形象，究竟是从何而来，又为何永不消失？他们在学历上并不高，地位上并不耀眼，但随着岁月的流逝，老师的权威反而深深地刻在学生的记忆深处。

不知道从何时开始，学生开始淡化教师的权威；更让人觉得困惑的是，要是谁还坚持教师应该保留这份权威，谁就会被贴上"反教育者"的标签。现在的学生，似乎更喜欢与自己打成一片的教师。教育民主化的进程，似乎就是把原本基于权威的师生关系，转变成更为生活化的朋友情谊。其实，淡化教师权威的过程，也是教师悄悄走下神坛并回归生活的过程。

在传统社会中，教师历来是学科知识的代言人，并以此享有崇高的社会地位，也在学生面前获得了不可挑战的权威。谁要是对教师不敬，更不要说挑战教师的权威了，那就是对知识的不敬，对文化的不忠。今天，知识已经不再是稀缺物。要是在课堂上，依然用照本宣科的方式教学，不但无法提高教师的地位，反倒是贬低了教师权威。这种权威的丧失，是社会进步的表现，是学生成长的必然。教师要想在学科知识上保有权威，就应该更深入地研究学科知识，更个性化地解读学科知识，更有效地传播学科知识。没有对学科知识的深度理解与教育转化，教师专业权威的塑造和保持，将是一件难以想象的事。

一直在琢磨，教学技能技巧的丰富，究竟是提高了教师的权威，还是降低了教师的权威。有了更多的教育教学技巧，自然可以把自己的课上得更加精彩，让学生课堂学习更加愉悦，还能够在各种各样的测试中取得可喜的成绩；但另一方面，在教育教学技巧的遮蔽下，学生们看不到教师的学科智慧，也感觉不到教师的真情与真诚，教师在学生心目中的权威不升反降。教育教学技巧可以锦上添花，但对学生学习有实质帮助的，依然是教师的学科思维和学科能力；在学习过程中鼓励学生负重前行的，依然是教师的真诚与热情。当学生看不到教师的学科思维与智慧时，他就无从佩服你；当学生看不到你的真诚与热情时，他就无从感动自己！

权威的大小，并不是一个绝对值，而决定于教师与学生间的相对地位。在我们读书的那个时代，教师的地位基本上是不可撼动的，不论他掌握的知识有多少，也不论他是否有学科智慧，只要他是你的老师，天然就拥有了权威。今天，这种基于传统、身份的权威正在被瓦解。反倒是以生为本、尊重学生的观念被大家推崇备至。但如果尊重学生要以剥夺教师的权威为代价，那这份尊重中是不是少了教育的成分呢？如果学生失去了对教师的敬重，只把教师权威建立在知识与能力的计算上，不仅教师权威被消解，学生主动学习的可能性也会下降，因为谁会主动向没有权威的教师学习呢！

作者系《人民教育》特约评论员

原载于《人民教育》2016 年 15 期

教师成长的秘密

王 洁

　　我曾经做过老师，有幸遇到很多业务精专、深受学生喜欢，也颇有成就的老师。对这些老师，当时的我不仅崇敬，更是充满了好奇。后来，我开始了基础教育的研究工作，遇到了更多的优秀教师，在和他们的接触中，越来越多地感受到他们的优秀和精彩。

　　乍一看，每个优秀的教师都"具有较高的专业水平"，都是"自立和自主"，都是"高绩效"的，但是当你越来越靠近他们，走进他们的心灵世界时，你会发现以上任何一种理解都没有错，但似乎又不是特别准确。

　　几年前，我和几位同事一起开展了一项研究。结合文献研究与经验，我们选取了研究者和一线教师都认可、处于不同发展阶段，又具有不同背景的20名优秀教师，通过成长档案袋分析、现场访谈以及对一些关键事件进行追踪，等等，由此发现他们在成长中的一些共性的、有意思的行为和思想。

　　他们是一群对自己所从事的职业充满执着和热爱的人。他们谈起自己的学生，谈起自身的工作总是兴致勃勃。虽然他们也有烦恼、有不如意，但始终享受着工作带给他们的丰富多彩。这种执着和热爱最先是出于把自己工作做好的朴素愿望，然后慢慢地演变为一种工作责任心和使命感，最后发展为一种融入个人生命价值系统的专业情感。

　　他们是一群始终在思考的人。他们善于质疑"不是问题的问题"，在貌似没有问题的事情中"看到"问题，不满足仅仅使用已建立起来的"常规"

加以解决，而是会不断试验和探索，创造更多促进有效教学的可能性。这种创造还意味着打破常规，寻找与众不同的、超乎常规的办法和思路。

他们是一群乐意迎接挑战的人。他们关注自身的实践，关注别人的实践，关注在实践中学习。他们愿意去回应一些不确定的、超越自身能力范围的问题，他们会积极寻求挑战，保持着对没有现成答案的事物饶有兴趣的探索心理、对百思不得其解的事物发起挑战的气魄。

他们是一群积极回应环境的人。当环境没有变化时，他们会预见环境的变化，并且主动作好应对的准备；当环境明显变化时，他们能仔细分析，发现问题所在，通过学习、思考、行动，审视和选择自己的目标，更新和调整自己的行动，丰富自我；当发展到一定阶段时，他们甚至会主动寻求改变环境，使环境朝着更加有利于成长的方向变化。

他们是团队合作的贡献者和获益者。他们的成长过程就是在不断地给予团队给养的同时，也不断地汲取团队给予他给养的过程。

当我一遍遍翻看这些优秀教师的案例时，我发现他们都有着共同的特点，那就是对教育事业的信念与责任心，对教育研究的执着与兴趣。与拥有同样专业背景和社会人文环境的大多数教师相比，差别或许就在于面对同样挑战、问题时的思维方式、应对策略与方法。

其实，成为优秀教师，并非高不可攀。他们只是做了一些普通教师可以学习、可以做到的事。

优秀教师的成长，没有奥秘。

作者系《人民教育》特约评论员
原载于《人民教育》2016 年 13 期

让青春闪发光辉

于　漪

近年来，有两件事常使我心潮起伏，每想起，就会思绪万千，憧憬教育的美景在青年教师身上持续不断地涌现。

教师节，学校邀请 10 位毕业生座谈自己的成长，气氛热烈。区里上百名初入职的青年教师参加。会到中途，一位青年教师举手激动地说："我要于老师抱我一下。"突如其来的要求把大家给怔住了。我走到她座位旁抱了她，她喃喃地说："我妈妈是你的学生，从小她就对我说，那是真正的语文课，开心啊，丰富啊，一辈子忘不了。"体温温暖了我的手，语言和激情温暖了教师的心。

66 届高中生聚会，纪念同窗 50 周年。昔日的准青年如今已年过花甲，但忆及高中学习生涯的多姿多彩，依然龙腾虎跃，活力不减当年。突然，一位男同学严肃地说："有句话已藏在心里十多年，今天再不说就没有机会了。上世纪 90 年代于老师生病住重症监护室，我和同学去探视，见到那番情况，我向上天祷告，宁可自己少活 10 年，也要让老师多活几年。我祷告祷告，后来没告诉妈妈，也没告诉妻子。"这席话使我难以抑制泪水的涌出。我们都不迷信，但师生之间的挚爱深情感天动地。

教他们的时候，我还是一名青年教师，怎么也没想到从教在学生成长中、在学生生命中，一代乃至两代，是如此有意义、有价值，是如此长效。今日的青年教师，从教比我们那个年代难度大增。身处社会转型时代，物质力量巨大，诱惑无处不在，要让自己的青春充满智慧，闪发光辉，十分重要的是要有定力。坚持教书育人的工作，教师要培养学生成长、成人，自己首先就要做人，做志存高远的人。今日的教育质量就是明日的国民素质，教育质量的高低相当程度上掌握在教师的手中。珍视和敬畏每个学生的生命，追求和践行中国梦，就会自觉地爱岗敬业；认真负责，一丝不苟，发挥聪明才智，创造育人佳绩。《论语·子路》中说得好："其身正，不令而行；其身不正，虽令不从。"面对金钱至上，功利横行，青年教师身上要有正气，用人格魅力熏陶感染学生，收春风化雨之良效。

要获得学生认可、信任，共谱心灵成长交响曲，青年教师须把爱撒播到他们的心田。教育事业是爱的事业，没有爱，就没有教育。爱学生是教师从教的黄金法则。这种爱是超越血缘关系的大爱，承载着国家的期望、人民的嘱托。每个学生都是国家的宝贝、家长的宝贝，都是活泼泼的生命体，成人成才的苗子，真心实意、全心全意培养他们，是责任，是使命。以分取人，以貌取人，或以权取人，以钱取人，是对教育事业的亵渎。青年教师感情丰富、追求心灵的澄澈，把莘莘学子装入心中，休戚与共，呼吸相通，窄小的心就会容纳宇宙的宽广。

爱，要落实在实干上，刻苦钻研，成为学科教学的行家。靠教参上课，那是蹉跎岁月。每节课的质量影响到学生生命的质量，学生每一天的大部分时间都是在课堂里度过的，怎样让他们学有兴趣、学有所得、学有追求，是教师必须倾注心血反反复复研究的问题。课教在课堂上，就会随着声波的消逝销声匿迹；课要教到学生身上，教到学生心中，成为良好素质的因子，终身受益。

青春是美丽的，青年教师在从教中闪发光辉，美景绵长。

作者系当代著名语文教育家、享受国务院特殊津贴专家

原载于《人民教育》2014 年 09 期

做一个配享幸福的教育家

檀传宝

有人说，教师是太阳底下最光辉的职业。也有人说，教师站在人类的摇篮边。在我看来，教师是最有可能获得最幸福人生的人类。

"最有可能获得最幸福人生的人类"的意思，一方面是说，教育是人的再生产，是造福于无数个体、族群乃至整个文明的事业。在现代社会乃至整个人类文明中，教师是一切财富、价值之母。但另外一方面，"可能"并非"现实"。许多教师虽然面临获得最幸福人生的可能性，但仍然可能与幸福生活失之交臂。这也是许多教师常常自感职业倦怠、人生惨淡的症结所在。在日常教育生活里，你是翱翔于幸福的天堂抑或挣扎于悲苦的地狱，完全取决于为师者自身是否具备配享幸福的主体素养。

做一个配享幸福的教育家，需要我们做好以下三方面的精神准备——

一是了解幸福人生"属人"的真谛。真正的幸福只与人的高级需要及其满足相关。当你追求爱与关怀、自我实现、真善美等马斯洛称为"高级需要"的满足时，你就会收获意义人生，远离枯燥、寂寞、无意义的生活。相反，当你奉行"人为财死，鸟为食亡"的人生哲学时，你可以畸形地"快乐"却无法收获真正的"幸福"。这是因为人不仅有与动物相同的生存需要、基础需要，而且有只属于人的精神需求。"五花马，千金裘，呼儿将出换美酒，与尔同销万古愁"说的就是感官的刺激永远无法满足精神的饥渴。失去了人的高贵，你就必定与真正的幸福渐行渐远。

二是建构自我实现的人生梦想。幸福，其实就是梦想得以实现的人生。当一个母亲对子女健康成长的希冀得以实现时，母亲是幸福的。当一个学生有内在的学习动机，满世界寻找难题予以突破的时候，课外作业就是幸福的源泉而非沉重的负担。同理，"有事业心"其实是教师的幸福之本，而不仅仅是某种简单的道德诉求。因为唯有我们在意我们的学生，学生的成长才能带给我们微笑；只有我们追求职业生涯的高远目标，我们才可能收获高峰体验的喜悦。虽然在一个普遍奉行实利主义的时代，梦想是最为珍稀的财富，但是一个号称"人类灵魂工程师"的群体，当然有责任走在茫茫人海的前头领跑幸福人生。

三是培育施展才华的主体素养。幸福人生从可能到现实需要许多条件。排除客观环境因素，操之在我的只能是修养配享幸福的主体素养。一个在道德人格上遭人侧目的教师，很难获得学生、同事、家长的真正认可。一个渴望实现教育梦想却缺乏必要的专业知识、技能的教师，也只能收获挫折与沮丧。因此，要让事业的梦想得以实现，需要我们修养专业道德、专业知能。从这个意义上说，修养教育教学能力其实是教师追求自己教育幸福的内在要求，而并不只是为了在职业竞争中得以幸存的被动应对。做一个幸福的教师，其实只是要求我们努力做一个伟大的教师并享受作为伟大教师的喜悦而已！

做一个配享幸福的教育家，不仅是教育工作者追求个人幸福人生的"为己之学"，而且是当今中国大时代的需要。在应试教育的阴影之下，学生、教师、家长的苦痛需要我们用"幸福教育"的理念进行最大的救赎。伟大中国梦的追寻，更需要无数中国教育家拥有梦想实现的幸福人生。因此，"为幸福而教"应当成为全体中国教育工作者的座右铭！（2014年7月15日，写于京师园）

原载于《人民教育》2014年17期

致青年教师：生命绝色大美永在前方

曹勇军

久闻新疆伊宁吐尔根杏花谷的美名，前段日子想利用一次入疆支教的机会一睹其风采。可到乌鲁木齐一打听才知道，往返距离竟有 1600 公里之遥，而我的逗留时间有限。可对这个遥远、美好事物的向往和好奇召唤着我、鼓舞着我。在我的一再坚持和新疆友人的热情帮助下，我们上路了，奔驰在茫茫大漠，终于在第二天太阳升起之后，来到花谷，饱览绵延不尽的在山风中绽放摇曳的花树花海，也让我懂得生命绝色大美永在前方路上的真谛。这仿佛是我们教师专业成长的一个隐喻，我想借它给青年教师的专业成长提三点建议。

做一个理想主义者。从事教育事业，需要理想和情怀。有时我甚至觉得这种理想是一种类似宗教的情怀，是一种无条件的奉献和一生的追求。青年教师往往以一种理想化的眼光看待自己的职业，他们的理想还没有被现实淬炼过，往往轻慢忽视日常教学苦涩沉重的世俗性，还不知道真正的理想是在日复一日平凡而单调的教育生活中构建出来的对于明天教育所要培养的人的憧憬和使命。教育理想不是那种彼岸的天国，它是理想中的真实，是以我们今天有限的认识、能力和热情，去为十年、二十年、三十年之后民族发展、社会发展培养一代新人。教育中有诗情画意，但更多的是平凡琐碎。你看见什么取决于你内心的期待和追求。教育是理想与现实的交织，如同一朵莲花，花朵开在天空，根扎进泥土之中。我们既是诗人也是农夫，脚踩着坚实的土地，挥洒生命的汗水，等待花开的季节。只有历经艰险、终身追求的人，才能从看似庸常的教育现实中真正领略到教育的诗意和风采。

做一个长跑主义者。长跑和短跑不一样，短跑需要的是速度和爆发力，长跑需要的是耐力、恒心以及在漫长奔跑过程中的及时调整。青年教师不缺少速度和爆发力，缺少的恰恰是耐力、恒心，他们往往急于求成，希望三步并作两步，快速实现人生的规划、专业发展的目标。所以遇到一些困难，抗打击能力欠缺。什么叫作长跑的耐力？今天上好一节课，明天完成一篇论文，后天参加一次培训提升自己，日复一日，年复一年，不改初心，矢志追求，做一个终身学习者，始能到达专业发展的理想境地。有了这样的长时段规划，今天参加一次教学大赛名落孙山算什么？明天参加一次论文评比没有得到理想的名次算什么？后天学校把一个荣誉称号给了其他的青年教师而没有给你又算什么？你还有漫长的职业奋斗之路，你还有无限的可能性，你还有巨大的进步上升空间。

做一个善于把握机会、创造机遇的人。不少青年教师往往坐等机遇的到来，一旦看到这次机会花落他人，便牢骚满腹，消极悲观，觉得怀才不遇。今天，在不少情况下，怀才不遇者往往其"才"可议，至少你缺少沟通、争取的能力，缺少在别人的质疑中证实自己的能力，更缺少主动创造机会的能力。反之，"机遇亨通者"则往往善于展示实力，证明自己，改善舆论环境，创造属于自己的机会。今天让你上一节观摩课，你消极不情愿，别人积极主动；明天，交给你一项科研任务，你偷懒懈怠，别人二话不说，克服困难完成任务；后天，让你周末到区里去主备一篇课文，你不愿牺牲休息娱乐时间，而别人则抓住这次机会，展示了自己良好的专业素养。你说，最后的发展机会属于谁？

当我横跨北疆的大漠，饱览杏花谷这世间大美的时候，我感受到勃发的生命存在。朋友，何不把自己的专业成长也看作一次吐尔根杏花谷之行，感受着诗与远方的召唤，确立终身学习发展的目标，最终抵达专业生活美好幸福的境界！

作者系《人民教育》特约评论员

原载于《人民教育》2017 年 09 期

我出走，是为了更好地归来

肖培东

这个考试离去的下午，我看到了我的暑假时光。很美好，很纯净，很自我。它让我合理放纵，让我在时间的浪潮里跌宕起伏，让我的身体和灵魂恣意游走。

假期的品质里，自由，可以自己健康安排，无疑是最重要的。

该找个地方走走了。世界不是只有校园那么大，你的步履不能只在学校里印上痕迹。去吧，找个乡村，找片田野，看看庄稼是怎么样在夏日的风里摇曳，看看流水是怎么样在炊烟的召唤下远去，看看秸秆搭成的是怎么样一种悠闲，看看太阳又是怎么样悄悄从山沟沟里爬出来。去吧，走进喧嚣繁华的城市里，你要有一次迷路问询的经历，你要有一次在高楼大厦霓虹灯前踯躅迷茫的体验，你的生活不能只在教本上。去吧，到大山深处，到碧海金滩，到你应该要去却总没有时间去的地方，在生活的其他背景里寻找风景，在世界的其他风景里寻找自己。教学的灵感，一半在课堂，一半在生活。

该找个时间陪陪亲人了。世界那么大，最爱你的还是你的家人。暑假存在的另一个意义，就是找回自己的家。把你批改过的作业本，你要教的下学期教材，暂时搁置起来。你是你的，你还是你的家人的。你已经亏欠风尘中那渐渐衰老或者快速青春的面孔许多许多了，这个暑假，你要和他们多唠唠嗑，说说七月的阳光，说说八月的蝉唱，和孩子一起翻滚在草地上。没有一个天地比家更需要你。

把时光交给你的唱片，和我一样，一张一张地听。在学校，你听到的都是紧促的铃声，赶着你奔向教室。这个暑假，可以的话，翻出你珍爱的声音。可以靠在摇椅上，唱机里是钢琴曲，或者吉他声，或者小号，悠远神秘，简直太享受。当然，你珍爱的声音，可能是蚂蚁微笑的声音，是蝴蝶停落枝头的声音，是孩子和你撒娇的声音，是老人碎碎的念叨……每个人要有自己的唱片，刻下这世界芜杂又精致的歌唱。那是生命，教师不能远离这世界的声音。

最为你高兴的是，你终于有时间看看书了。确实，平日里，你是真忙，忙到给自己的内心添加养料的时间都没有。每天深夜，你拖着一身的疲惫走进凌乱的家里，你一脸愧疚地面对这个家，也面对书架上恹恹欲睡积满灰尘的一本本书。教师是最不能和阅读脱离的人。所有靠物质支撑的幸福感都不能持久，在书香世界里浸泡出来的淡定宁静，才是我们幸福的真正源泉。这个暑假，泡上一杯咖啡或清茶，看上几本好书。不怕累的话，思考几个问题，写上几篇文章，别让碎片化、浅层次的阅读淹没你所有的时光。你在书里站了起来，你在生活中就站了起来，你的教学，也因此站得更稳重更高耸。

其他，比如你打打球，锻炼锻炼，比如你学着做一道好菜，比如你和朋友们约起来打打牌吹吹牛侃侃大山，或者，你就好好地睡一觉，不用等闹钟的铃声死命地唤醒。当然，心情有了，体力有了，你去做点公益，表达你对生命的感恩。生活，原来，可以这般美好。

好好工作，赚足暑假轻松的本钱，努力，为了享受该有的休闲。我望着校园里的树，望着水里的鱼，它们的世界也可以很大很大。

"我出走，是为了更纯洁的归来。"这一刻，想起里尔克的诗句。我希望，暑假以后，我们都可以更好地归来。

作者系《人民教育》特约评论员
原载于《人民教育》2015 年 12 期

做一个精神灿烂的人

成尚荣

教师节自然想起教师的伟大。

教师伟大吗？用《教学勇气》书中的观点来看，伟大是指"求知者永远聚焦其周围的主体"。教师正是永远的求知者，他们在求知——教育的过程中，培育着自己丰富的精神，具有丰富精神的主体一定是伟大的。

一位年近 40 岁的骨干教师在师父面前说自己很忙、很累。说了多次以后，师父严肃地对她说：以后不要再对我说你的忙和累，忙和累无非两种原因，一是身体不好，二是能力不强。此后，她再也不说了，因为她知道师父比她更忙、更累、更苦，但师父从来不叫一声苦和累，因为他是一个有精神的人，一个精神丰富的人。她也想做一个精神丰富的人。

的确，当下的教师是很忙、很累的，但一个精神丰富的教师却透过忙和累看到了另外的东西。

看看远去的先生们吧。杨绛先生常说：我是一滴清水，不是一滴肥皂水。清水，微小，但并不渺小，它可以折射出阳光，照亮周围的世界；肥皂水，膨大，却瞬间消逝，五颜六色，却浮夸、浮华。杨绛很忙，但她总是从容地走到人生边上，她"和谁都不争，和谁争都不屑"。原来，她内心充盈，精神丰富，一切云淡风轻。

周小燕先生常说：我是一个足球运动员，刚踢完了上半场，还要踢下半场，下半场还想再进两个球。说这话时，她已经 90 岁了。这难道只是一种生活的情趣吗？当然是，又不只是，那是生活情趣里的精神光彩。

童庆炳先生常常感叹最后一课。他牢牢记住恩师黄药眠的最后一课："这最后一课，是他带着牺牲的精神，带着豁出命的精神，来给我们讲课的。"他也常常想象自己的最后一课："我正在讲课，讲得神采飞扬，讲得出神入化，而这时，我不行了，我像卡西尔、华罗庚一样倒在讲台旁或学生温暖的怀抱里。我不知道有没有这种福分。"这分明是一种神圣的"殉道"精神。

先生们一个个远去了，给我们留下的是一个个背影，而这些背影恰恰是精神的正面。他们何止是精神丰富，更是精神灿烂啊！

精神丰富和灿烂，从哲学上看，阐释的是人生的意义。人生的意义不是别人赋予我们的，是自己创造的。因此，人既可以是人生意义的创造者，又可以是人生意义的破坏者。创造人生的意义，定会创造教育的意义，在创造学生当下和未来意义的同时，又培育了自己的人格，让自己的精神灿烂起来。从伦理学看，精神丰富和灿烂阐释的是教育的道德意义。教育是科学，要求真；教育是艺术，要求美；教育是事业，要求奉献和创造。这背后深蕴着一个重要判断：教育首先是道德事业，教师首先是道德教师。道德之光，让教师精神丰富起来，灿烂起来。从心理学看，精神丰富和灿烂阐释了青春的新内涵：青春绝不只是人生道路上的一个年龄阶段，更为重要的是人的心理状态、精神状态。精神灿烂，让教师永远青春美好。

值得注意的是，教师的精神、思想、理想、情怀正面临着严峻挑战。我们处在消费时代，享受和娱乐是绕不开的问题。如果我们一味追求物质享受，那必定淡化精神发育；如果我们追求娱乐化生存，必定淡漠思想的力量；如果我们对幸福的认知发生偏差，那必定淡忘价值的澄清和引领；如果我们的专业发展为"专业"所限，那必定忘却教育的尊严和境界的超越。如果想让这些"如果"不会发生，那只有让我们的精神站立起来，让自己的精神灿烂起来。

教师，应当是个精神丰富的人，精神灿烂的人。

原载于《人民教育》2016 年 17 期

图书在版编目（CIP）数据

新时代学校使命 / 董筱婷编 . —上海：华东师范大学出版社，2019
（《人民教育》精品文丛）
ISBN 978 - 7 - 5675 - 9073 - 1

Ⅰ.①新 ... Ⅱ.①董 ... Ⅲ.①教育工作—研究 Ⅳ.① G4

中国版本图书馆 CIP 数据核字（2019）第 060422 号

大夏书系·《人民教育》精品文丛

新时代学校使命

总 主 编	余慧娟
副总主编	赖配根
本册主编	董筱婷
策划编辑	李永梅　程晓云
审读编辑	张思扬
封面设计	奇文云海·设计顾问

出版发行	华东师范大学出版社
社　　址	上海市中山北路 3663 号　邮编　200062
网　　址	www.ecnupress.com.cn
电　　话	021 - 60821666　行政传真　021 - 62572105
客服电话	021 - 62865537
邮购电话	021 - 62869887　地址　上海市中山北路 3663 号华东师范大学校内先锋路口
网　　店	http://hdsdcbs.tmall.com

印 刷 者	北京密兴印刷有限公司
开　　本	700×1000　16 开
插　　页	1
印　　张	10
字　　数	147 千字
版　　次	2019 年 7 月第一版
印　　次	2020年7月第二次
印　　数	6 101-8 100
书　　号	ISBN 978 - 7 - 5675 - 9073 - 1/G·12006
定　　价	35.00 元

出 版 人	王 焰

（如发现本版图书有印订质量问题，请寄回本社市场部调换或电话 021-62865537 联系）